"信毅教材大系"编委会

主　　任	卢福财
副 主 任	邓　辉　王秋石　刘子馨
秘 书 长	廖国琼
副秘书长	宋朝阳
编　　委	刘满凤　杨　慧　袁红林　胡宇辰　李春根
	章卫东　吴朝阳　张利国　汪　洋　罗世华
	毛小兵　邹勇文　杨德敏　白耀辉　叶卫华
	尹忠海　包礼祥　郑志强　陈始发
联络秘书	方毅超　刘素卿

信毅教材大系·管理学系列

物流与供应链前沿案例

Frontier Cases of Logistics and Supply Chain

吴 群 编著

复旦大学出版社

总　序

　　世界高等教育的起源可以追溯到1088年意大利建立的博洛尼亚大学,它运用社会化组织成批量培养社会所需要的人才,改变了知识、技能主要在师徒间、个体间传授的教育方式,满足了大家获取知识的需要,史称"博洛尼亚传统"。

　　19世纪初期,德国教育家洪堡提出"教学与研究相统一"和"学术自由"的原则,并指出大学的主要职能是追求真理,学术研究在大学应当具有第一位的重要性,即"洪堡理念",强调大学对学术研究人才的培养。

　　在洪堡理念广为传播和接受之际,英国教育家纽曼发表了《大学的理想》的著名演说,旗帜鲜明地指出"从本质上讲,大学是教育的场所","我们不能借口履行大学的使命职责,而把它引向不属于它本身的目标"。强调培养人才是大学的唯一职能。纽曼关于"大学的理想"的演说让人们重新审视和思考大学为何而设、为谁而设的问题。

　　19世纪后期到20世纪初,美国威斯康星大学查尔斯·范海斯校长提出"大学必须为社会发展服务"的办学理念,更加关注大学与社会需求的结合,从而使大学走出了象牙塔。

　　2011年4月24日,胡锦涛总书记在清华大学百年校庆庆典上指出,高等教育是优秀文化传承的重要载体和思想文化创新的重要源泉,强调要充分发挥大学文化育人和文化传承创新的职能。

　　总而言之,随着社会的进步与变革,高等教育不断发展,大学的功能不断扩展,但始终都围绕着人才培养这一大学的根本使命,致力于不断提高人才培养的质量和水平。

　　对大学而言,优秀人才的培养,离不开一些必要的物质条件保障,但更重要的是高效的执行体系。高效的执行体系应该体现在三个方面:一是科学合理的学科专业结构;二是能洞悉学科前沿的优秀的师资队伍;三是作为知识载体和传播媒介的优秀教材。教材是体现教学内容与教学方法的知识载体,是进行教学的基本工具,也是深化教育教学改革，提高人才培养质量的重要保证。

一本好的教材，要能反映该学科领域的学术水平和科研成就，能引导学生沿着正确的学术方向步入所向往的科学殿堂。因此，加强高校教材建设，对于提高教育质量、稳定教学秩序、实现高等教育人才培养目标起着重要的作用。正是基于这样的考虑，江西财经大学与复旦大学出版社达成共识，准备通过编写出版一套高质量的教材系列，以期进一步锻炼学校教师队伍，提高教师素质和教学水平，最终将学校的学科、师资等优势转化为人才培养优势，提升人才培养质量。为凸显江财特色，我们取校训"信敏廉毅"中一头一尾两个字，将这个系列的教材命名为"信毅教材大系"。

"信毅教材大系"将分期分批出版问世，江西财经大学教师将积极参与这一具有重大意义的学术事业，精益求精地不断提高写作质量，力争将"信毅教材大系"打造成业内有影响力的高端品牌。"信毅教材大系"的出版，得到了复旦大学出版社的大力支持，没有他们的卓越视野和精心组织，就不可能有这套系列教材的问世。作为"信毅教材大系"的合作方和复旦大学出版社的一名多年的合作者，对他们的敬业精神和远见卓识，我感到由衷的钦佩。

王 乔

2012 年 9 月 19 日

前　言

案例分析是一门实践性很强的学科,强调对学生发现问题、分析问题、解决问题的能力的培养。物流与供应链案例易将学生带入相应的情境,从而激发学生的学习兴趣,物流与供应链案例教学通过启发、调动学生积极参与,培养学生利用理论知识去解决实际问题的综合判断分析能力,可以进一步促使现代物流课堂变得生动与活跃,并逐步提高物流类专业课堂的教学质量。

本书吸收了近年来物流与供应链管理领域相关理论成果和企业实例编撰而成,针对物流功能、物流管理、供应链管理、行业专题、延伸扩展等案例进行分类阐述,由五大篇二十二章构成,分别是第一部分物流功能篇(第一章、第二章、第三章、第四章),第二部分物流管理篇(第五章、第六章、第七章、第八章),第三部分供应链管理篇(第九章、第十章),第四部分行业专题篇(第十一章、第十二章、第十三章、第十四章、第十五章、第十六章),第五部分延伸扩展篇(第十七章、第十八章、第十九章、第二十章、第二十一章、第二十二章)。

本书包含了物流与供应链领域的运输管理、仓储管理、装卸作业、配送作业、库存管理、服务管理、决策管理、信息管理、供应链管理、合作伙伴关系管理、制造业物流供应链、零售业物流供应链、快递业物流、第三方物流、电商物流供应链、食品生鲜物流、平台型物流、物流供应链金融、逆向物流供应链、绿色物流供应链、物流生态、供应链风险等内容,分类明晰、体系完善,覆盖范围比较全面。全书共52个案例,都围绕具体企业的前沿物流实践展开,案例主体结构遵循"案例涉及的基本知识点""案例背景""问题提出""具体措施""结束语"等模块思路,每个案例都配有相应的思考题,方便学生的自学理解,也有利于引导学生全面思考。本书延伸扩展篇部分与时俱进,增加了绿色物流供应链、电商及新零售物流、平台型物流、物流供应链金融等前沿理论有关的案例,丰富了物流理论及案例知识体系。

本书可以作为大学物流管理专业及市场营销等本科专业的必修课教材、选修课教材及辅助学习资料,也可以作为物流管理硕士、物流工程硕士、MBA研究生课程及入学考试的参考用书。

本书由吴群教授设计全书结构并负责编撰,历时一年多时间成稿。在本书的编写过程中,得到了江西财经大学工商管理学院物流管理研究生朱嘉懿和杜媛媛提供的资料支持,同时也得到多位领导和同事对本书提供的建议和意见,对关心本书的各位领导、同事表示诚挚的感谢。本书得到了复旦大学出版社编辑方毅超的大力支持,也在此表示诚挚的感谢。本书参考了部分国内外相关论文、教材以及企业官网的介绍资料,已在参考文献中列出,在此向这些作者表示诚挚的谢意。

由于时间仓促和编者水平有限,书中可能还存在一些因疏忽而未发现的错误,敬请广大读者批评指正(编者邮箱:56209304@qq.com)。

编 者

2022年5月于江西南昌

目 录

第一部分 物流功能篇

第一章 运输管理 ········· 003
案例 1 医药运输管理做足"100" ········· 003
案例 2 郑明物流的脆薯项目运输 ········· 006
案例 3 雅玛多宅急便的"输出"策略 ········· 009

第二章 仓储管理 ········· 014
案例 4 美的仓储管理优化 ········· 014
案例 5 华瑞物流全面启动仓储增值服务 ········· 017

第三章 装卸作业 ········· 020
案例 6 云南双鹤医药的装卸搬运 ········· 020
案例 7 红云红河装卸搬运的优化 ········· 022

第四章 配送作业 ········· 024
案例 8 中邮物流进军赣南脐橙的分销配送 ········· 024
案例 9 麦当劳与其"御用"TPL ········· 026
案例 10 连锁便利店 7-Eleven 的配送变革 ········· 029

第二部分 物流管理篇

第五章 库存管理 ········· 037
案例 11 美特斯邦威的成衣库存危机 ········· 037
案例 12 襄汉公司的联合库存管理策略 ········· 040

第六章 服务管理 ········· 043
案例 13 中通：打造制造业的服务样本 ········· 043

案例 14　德邦公司精准物流服务理念 …………………………… 046

第七章　决策管理 …………………………………………………… 048
　　案例 15　联合利华的物流外包上海友谊的决策 ………………… 048
　　案例 16　冠生园集团物流外包 …………………………………… 050

第八章　信息管理 …………………………………………………… 052
　　案例 17　信息实现中海价值 ……………………………………… 052
　　案例 18　信息系统助力"花王"夺冠 …………………………… 055

第三部分　供应链管理篇

第九章　供应链管理 ………………………………………………… 061
　　案例 19　杭州网营科技 QR 供应链管理战略 …………………… 061
　　案例 20　李宁供应链协同发展 …………………………………… 064

第十章　合作伙伴关系管理 ………………………………………… 069
　　案例 21　华为与合作伙伴的共赢举措 …………………………… 069
　　案例 22　从家乐福看零供关系的成与败 ………………………… 072

第四部分　行业专题篇

第十一章　制造业物流供应链 ……………………………………… 077
　　案例 23　"以快制胜"的海尔物流 ……………………………… 077
　　案例 24　美的：走在自我超越的跑道上 ………………………… 080
　　案例 25　戴尔的直销供应链管理 ………………………………… 083

第十二章　零售业物流供应链 ……………………………………… 086
　　案例 26　沃尔玛成功的三大"利器" …………………………… 086
　　案例 27　"麦德龙"独树一帜的供应链管理 …………………… 090
　　案例 28　走在崛起路上的家家悦 ………………………………… 093

第十三章　快递业物流 ……………………………………………… 096
　　案例 29　国际快递巨头 UPS 的扩张之路 ……………………… 096
　　案例 30　江西邮政速递物流把握农村市场 ……………………… 100

案例31　顺丰赋能医药产业 103
　　案例32　申通快递的前进之路与绊脚石 108
　　案例33　定日达——定日必达 111

第十四章　第三方物流 114
　　案例34　宝供物流：打造智慧化供应链解决方案 114
　　案例35　安吉：领跑中国汽车物流 119

第十五章　电商物流供应链 124
　　案例36　每日优鲜的生鲜电商供应链建设 124
　　案例37　智慧物流助力京东持续发展 127

第十六章　食品生鲜物流 131
　　案例38　光明乳业的冷链生命线 131
　　案例39　美菜网：推进生鲜物流体系建设 134

第五部分　延伸扩展篇

第十七章　平台型物流 141
　　案例40　传化公路港物流——物流平台整合运营商 141
　　案例41　货拉拉："互联网＋同城货运"平台的崛起 144
　　案例42　壹米滴答：平台型快运物流"黑马" 147

第十八章　物流供应链金融 153
　　案例43　中国储运抓住时代的脉搏——物流金融 153
　　案例44　兴泰保理：为光伏产业雪中送炭 159

第十九章　逆向物流供应链 165
　　案例45　宝钢变"废"为宝——逆向物流 165
　　案例46　苏宁的逆向物流模式 167

第二十章　绿色物流供应链 172
　　案例47　长虹绿色物流之路 172
　　案例48　上汽通用领跑汽车业"绿色供应链" 176

第二十一章　物流生态 …… 179
　　案例 49　国美新零售物流生态构建 …… 179
　　案例 50　新零售时代华润万家供应链优化重构 …… 185

第二十二章　供应链风险 …… 189
　　案例 51　福特汽车的自我救赎 …… 189
　　案例 52　华为供应链风险管理 …… 193

参考文献 …… 197

第一部分 物流功能篇

- 第一章 运输管理
- 第二章 仓储管理
- 第三章 装卸作业
- 第四章 配送作业

第一章　运输管理

在物流系统中,运输是物流的核心业务之一,也是物流系统的一个重要功能。运输管理是指产品从生产者手中到中间商手中再至消费者手中的运送过程的管理。运输管理包括运输方式选择、时间与路线的确定及费用的节约,其实质是对铁路、公路、水运、空运等运输方式的运行、发展和变化进行有目的、有意识地控制与协调以实现运输目标。"及时、准确、经济、安全"是物流运输的基本原则。

案例 1　医药运输管理做足"100"

案例涉及的基本知识点

1. 客户满意度,也叫客户满意指数,是对服务性行业的顾客满意度调查系统的简称,是一个相对的概念,是客户期望值与客户体验的匹配程度。换言之,就是客户通过对一种产品可感知的效果与其期望值相比较后得出的指数。

2. 柔性,指快速、低成本地从提供一种产品或服务转换为提供另一种产品或服务的能力。

3. 分销资源计划(distribution requirement planning,DRP)是指管理企业的分销网络的系统,通过互联网将供应商与经销商有机地联系在一起,为企业的业务经营及与贸易伙伴的合作提供了一种全新的模式。供应商和经销商之间可以实时地提交订单、查询产品供应和库存状况、并获得市场、销售信息及客户支持,实现了供应商与经销商之间端到端的供应链管理,有效地缩短了供销链。

一、案例背景

药品关系到人们的健康,其运输的安全性至关重要,提高药品运输的质量,保证药品无破损、无污染地送到终端用户的手中,是医药运输需要达到的目标。

贵州益佰制药股份有限公司,创建于1995年6月12日,前身是贵州妙灵制药有限公司,在自身不懈努力和贵州省人民政府的大力支持下,公司顺利在2000年11月28日完成了股份制改造,并于2004年3月8日成功上市,成为贵州省首家取得上市资格的非公有制制药企业。近二十年来，公司成功打造了老百姓耳熟能详的"益佰""做足益佰""克刻"等著名商业品牌，现已发展成为一家集新型药品的研究、开发、生产、销售为一体的高新技术企业。2018年，公司实现工业产值31.83亿元，销售收入38.82亿元，纳税5.27亿元。公司上市至今，累计向国家纳税逾53亿元。作为贵州医药工业龙头企业的贵州益佰制药股份有限公司，自2020年1月以来积极参与抗疫情实际行动。公司总部向贵商总会捐赠价值66万元的药品，益佰各地分公司陆续在多个省（区、市）向各级医疗单位捐款、捐赠金莲清热泡腾片等药品以及医疗物资累计800余万元。

二、问题提出

对医药行业而言，平衡运输的质量与成本，找到恰当的平衡点并采取相应的策略，是提高企业的综合竞争力，增强客户满意度的有效途径，也是企业追求行业领先地位的一大法宝。精细、高效的运输管理策略是贵州益佰博得消费者信任的一个重要环节，为此，贵州益佰对运输管理改进做了积极探索。

三、具体措施

贵州益佰的运输管理策略，归纳起来有如下三点：

1. 物流服务商的"主辅结合"，保证运输灵活性

贵州益佰在物流服务商的选择上可谓"谨小慎微"，既重点考察物流服务商的规模和实力，又非常关注其网络覆盖能力。以强大的实力做后盾，物流服务商可以在突发情况下拥有较高的应对能力，这样即使是面临较严重的冰冻灾害，贵州益佰的药物依然可以通过铁路通道保证正常的供应。考虑到单个物流服务商的网络覆盖存在"短板区域"，贵州益佰结合公司自身需求情况将物流公司的资源进行整合，形成灵活的配送网络。采用"一主一辅"的方法，选择两家物流服务商，提高运输柔性的同时增强了其风险应对能力，两家服务商之间形成的竞争态势，又保证了贵州益佰的医药运输成本最小化。

2. 产品细分下的差异化运输与规模运输相结合

贵州益佰根据产品附加值的高低对产品进行细分，在此基础上完成物流通道的搭配（表1-1）。例如处方药艾迪注射液和银杏达莫注射液都属于高附加值产品，其供应策略以提高对市场需求的响应速度为主，贵州益佰就采用中铁、航空、火车行包的运输方式，实现周边区域三天入仓，华南、华北四天入仓，东北地区五天到达，提高其客户服务水平。对于附加值较低的OTC产品，其供应策略以降低成本为主，公司采用部分的汽车运输和低价的火车行包（五定班列）的运输方式，相比于前者，同质量产品的运费一下就降低了一半。此外由于每年公司的针剂产品要在十月底前发往东北、西藏、新疆进行"冬储"，其物流规模大大高于平时的发货量，通过对物流通道的调整，充分利用运输的规模效益使得成本显著降低。

表 1-1　贵州益佰差异化供应策略

产品类型	目标	供应策略	结果
高附加值产品	提高市场需求响应速度	中铁、航空、火车行包	周边区域三天入仓 华南、华北四天入仓 东北地区五天到达
低附加值 OTC 产品	降低成本	部分的汽车运输、低价的火车行包（五定班列）	同质量产品运费降低一半

3. 加强服务商的全面管理

贵州益佰对物流服务商的管理可以概括为：严把关、重评估、"少"结算、高效率。

（1）严把关：贵州益佰对物流服务商的选择是根据行业的高标准逐一严格把关，并确保最优的合同报价。明确合同制定过程中的权责利，将运输的价格、时限和保险问题作为重点。

（2）重评估：通过对物流服务商进行相关物流质量的绩效评估，例如：运单的完整执行率、货物破损率、市场对物流的投诉率、运单的及时履行率等，鼓励其持续改进。

（3）"少"结算：依次通过发货员和部门统计员对物流公司的账目进行核对和审计，审计无误后，贵州益佰将于年底结十个月的费用，预留两个月的资金作为物流服务商在贵州益佰的风险质押金，使得贵州益佰在应对今后可能发生的物流事故中掌握主动权。

（4）高效率：目前贵州益佰使用东软金算盘的分销资源计划系统（DRP），采用基于业务基础软件平台 VP 的应用系统，其中储运业务模块使得企业在运输过程中对货物实时跟踪成为可能，实现了对物流服务商的高效管理。

四、结束语

运输的成本和质量、运输的成本与时间均存在着二律悖反的现象，作为制造企业，突出其核心竞争力的同时，应积极地探索物流运输的相关措施，加强对物流供应商的管理，不断创新符合企业特色、满足客户需求的整体运输模式，在货物运输中找到促进企业发展的成本与质量平衡点，持续推进运输管理向着规范与高效发展。

思　考　题

1. 试列举制造企业在物流服务商选择时需考察的条件有哪些？
2. 结合贵州益佰对物流服务商的管理策略，探讨制造业与物流服务商合作模式的未来发展方向。

案例2 郑明物流的脆薯项目运输

> **案例涉及的基本知识点**
>
> 动产质押是物流金融的一种服务和实施方式。它是指债务人或者第三人将其动产移交债权人占有,将该动产作为债权的担保。债务人不履行到期债务发生当事人约定的实现质权的情形时,债权人有权依照规定以该动产折价或者以拍卖、变卖该动产的价款优先受偿。债务人或者第三人为出质人,债权人为质权人,移交的动产为质物。

一、案例背景

上海郑明现代物流有限公司于2011年5月正式成立。其前身是1994年成立的上海郑明汽车运输有限公司。深耕于冷链物流领域的上海郑明现代物流有限公司初创至今已走过20多年的历程,由单一的冷链运输商转型为将商流、物流、信息流和资金流整合为一体的供应链集成商,正朝着领先的专业供应链解决方案提供商迈进。

八月的上海酷暑难当,而比外面天气更热火朝天的是郑明物流的杨总和他带领的脆薯项目组,一年一度的马铃薯收割季马上又要开始了,他们正在为打好今年这一仗而充分准备。还不到上班时间杨总已提前到办公室,开始编排脆薯项目的工作计划了。

种植户们在为这些新鲜马铃薯需要运到一个叫脆薯的食品公司而发愁。脆薯食品坐落于哈尔滨,为全国的麦当劳、肯德基等快餐连锁供应薯条。黄总脚下的这片广袤的土地就是脆薯选定的马铃薯供应基地之一,每年8月底9月初,这里都会有大量马铃薯需要运往哈尔滨。距离远、车辆少、运输水平也不专业,而马铃薯保质期又短,若不能及时运到脆薯,搁置时间一长就会出现破皮、薯肉变质等情况,一旦被脆薯拒收,种植户一年的辛苦劳动就白费了,所以,每一年的马铃薯丰收季反倒成了种植户们的焦虑期。作为专业从事冷链物流20年的郑明老总,黄总深切体会到种植户们此刻的心情,不禁开始思索,如何解决种植户们的马铃薯运输问题。脆薯项目由此开始浮出水面。

二、问题提出

距离远、车辆少、运输水平也不专业,而马铃薯保质期又短,若不能及时运到脆薯公司,搁置时间一长就会出现破皮、薯肉变质等情况。运输马铃薯集中问题类似于春运问题。在短时间内直接运输大量马铃薯很难高质量完成。单纯的增加车辆也不能完全解决而且会增加成本,还会增加后期的货物交接难度。每个收购季脆薯公司要集中支付2亿多的货款,造成脆薯公司短期资金筹集与账目处理的压力。另一方面,在半成品销售方面,脆薯的客户基本上都按照自己的采购计划,按期按量采购,半成品积压严重。另外,脆薯对马铃薯的质量要求很高,马铃薯淀粉、糖分含量等都需要控制在一定的标准之内。

三、具体措施

1. 运输计划

增加运输路线,采用网状交通线,构建交通网络,在路线集中局域设立中转站(保证长途运输马铃薯质量),以网络规格来整理车辆情况(一辆汽车负责一段路线,在必要情况下可以改变)。根据路线的使用情况来判定车辆的多少,空余的车辆可以出租。避免车辆资源的浪费。并且可以在后半段设立多个仓库进行货物的清点。冷运公司可将安装 GPS 车机的车辆接入 T-GPS 系统,实时掌握车辆的地理位置、速度、车厢温度等信息,并可对车辆某个时段的运行轨迹进行回放,以及对历史信息进行统计和生成报表。通过 T-GPS 系统,冷运公司能够加强对车辆的管理。另外,中国冷藏网还为冷运公司提供价格优惠、技术可靠的带有温度回传功能的 GPS 车机装机方案。

2. 运输管理系统

冷运公司用户可将承接的运输任务、自有和挂靠车辆基本信息录入系统,并对车辆运行状态信息进行动态调整,然后根据承接的运输任务的状况,方便地安排派车计划,使调度工作更为轻松和更有条理。用户还可以对运输作业过程进行实时记录,从而使整个运输作业过程有序可控。运输管理系统用户分为企业级用户和集团级用户,集团级用户可以通过多个账户登录系统,并对不同账户设置不同的操作权限。

3. 物流交易系统

物流交易系统能够帮助冷运公司之间实现跨区域的联运协作;物流交易系统能够对车辆和运输任务信息进行准确匹配,从而极大地方便用户对信息的使用,发挥信息的价值。冷运公司用户可以把回程空车信息及其他闲置车辆信息发布到物流交易系统用以承运其他运输公司的运输任务,也可以把承接的运输任务发布到物流交易系统,委托其他运输公司的闲置车辆完成。

① 网络路线运输可以容纳大规模的马铃薯运输任务,在马铃薯运输峰值可以避免交通的滞塞。② 每段路线都有自己的车辆运行,方便了车辆调配。③ 在路线集中区域的中转站可以控制运输的质量,避免马铃薯在路途中损失严重。④ 在网络后半段的多个仓库,加大了清点货物的效率,也方便马铃薯在进入加工厂之前的质量监督。

4. 资金计划

动产质押金融物流活动。承揽下为脆薯支付剩余 80% 款项的重任,而且将支付账期由 60 天缩短到 15 天。增强对资金运动规律的认识。企业应增强对资金运动规律的认识,并运用规律,合理配置资金,保证资金周转畅通无阻,做到购产销平衡,按资金支出的性质和用途,合理分配经营活动、投资活动、筹资活动所需资金。树立资金时间价值观念,增强现金流量意识。进行项目投资时必须考虑资金的时间价值,在确保项目质量的前提下,尽快投产,收回资金。加速资金周转,促进资金节约。合理利用对方信用政策中的期限政策,获取其他企业的产品和原料,在进出口贸易中,可利用卖方信贷和买方信贷筹措资金。树立现金流量观念,可根据企业不同情况编制现金流量计划,以及短期、长期现金流量预测;进行项目投资时,科学预测项目现金流入量。

5. 后期计划

在脆薯公司将马铃薯加工成薯条半成品之后,郑明通过贸易执行业务,解决脆薯公司的库存积压问题。郑明通过一次性买下脆薯公司的所有薯条半成品库存,再根据麦当劳、肯德基等下游客户的采购计划,进行全权销售,通过物流金融工具实现货物配置控制权,在自身物流网络优势下实现了基础物流业务的整合,再加上半成品的购销差价,有效保证了自己的盈利,同时解脱了脆薯的巨大的库存占用资金和仓库管理费开支。优化资金筹措结构,科学预测资金需要量,拓宽筹资渠道,合理选择筹资方式。优化资金使用结构,周密研究资金投资方向,降低资金消耗。优化资金分配结构。应建立健全资金控制、使用制度。改善企业筹资环境。

四、结束语

郑明物流从"最先一公里"到产成品的末端配送"最后一公里"整个业务链条,同时还渗透了供应链金融、物流与贸易的融合等高端物流增值服务业务,成功地做到了行业里的专业领先地位。体现在以下两点:一是针对车源、运输、销售、配送等不同的环节,都有针对性的设计方案,实现了供应链链条式方案设计,做到了双赢;二是成功将质量管理、供应链金融物流、贸易与物流的融合等融入脆薯项目中。

思 考 题

1. 郑明物流公司是如何制定脆薯项目的运输计划的?
2. 以郑明物流公司为例,简要说明物流企业的未来发展方向?

案例3 雅玛多宅急便的"输出"策略

> **案例涉及的基本知识点**
>
> 1. 条形码是将宽度不等的多个黑条和空白,按照一定的编码规则排列,用以表达一组信息的图形标识符;二维码是用某种特定的几何图形按一定规律在平面(二维方向上)分布的、黑白相间的、记录数据符号信息的图形。
> 2. POS(point of sales),即销售时点系统,在对销售商品进行结算时,通过自动读取设备(如收银机)在销售商品时直接读取商品销售信息(如商品名、单价、销售数量、销售时间、销售店铺、购买顾客等),并通过通信网络和计算机系统传送至有关部门进行分析加工以提高经营效率的系统。
> 3. 物流配送中心,是指依据顾客的订单要求或配送计划,迅速、准确地将商品从其储位或其他区位拣取出来,并按一定的方式进行分类、集中作业的组织构构和物流设施。

一、案例背景

日本的雅玛多集团成立于1919年,至今其已经在日本国内拥有约4 000个物流基地、约57 000辆车和约22万名员工,其通过构建覆盖日本全国的细致周到而灵活的物流网络,致力于解决客户和社会的问题,并且一直以来都在为满足时代最前端的需求而不断创新,而其中的"宅急便"很早便在日本家喻户晓。"宅急便"最初是从个人客户之间的包裹服务开始,借由各种交通工具的小区域经营及转运系统,经营户对户小包裹的收取与配送,现今其以亚洲为中心,已扩展至面向全球24个国家和地区,可提供小量运输服务、物流专业化方案、调货、邮购和企业与企业间的包裹业务,实现了日本全国100%覆盖率,并覆盖亚太、欧洲、北美的多个国家和城市,其市场在全球范围内不断壮大,物流模式也被各国不断学习和参考。

二、问题提出

雅玛多宅急便作为诞生于日本的一家民营企业,其运输网络的规模是如何超过了日本邮政,又是凭借着什么优势能够在竞争激烈的全球物流市场上占据了一席之地?

三、具体措施

雅玛多宅急便通过"输出承诺、输出创新、输出情感、输出信息、输出技术"五项输出能力的提升,为其充分获取了在物流市场上的竞争力。

1. 高效的配送网络:输出承诺

在网络的布局上,雅玛多宅急便配送网络的建立采用"直营＋便利店"的模式,形成了其区域代理店(点)的布局。一部分依靠建设公司营业部(相当于加盟制快递企业终端网点),一部分委托连锁店、超市、百货店、洗衣店等便利店收件。通过自营网络(营业部、转运中心、车辆仓库)和联合庞大的便利店提供收件取件服务,再联合起集货中心和分拣配送中心,形成了以点-线-面向全国扩张的配送网络,而这样一个遍布全国的高效快递配送网络,也成为其构建翌日送达输送系统的前提。在网络的运作上,雅玛多宅急便充分考虑客户需要,实行 24 小时接收营业受理,充分利用了其 6 151 个分拣配送中心和 27 万多个代理店(点),如图 1-1 所示。宅急便从运输分区派出小型货车到区内各个代理点将货集中运往称为"集货中心"的营业所,并迅速转送到"基地",进行寄往全国各地的货物分拣工作。根据发送的地区和货物种类的不同进行分拣,装入统一规格的装箱单元。从基地到基地的运输采用可装载 16 只货箱的 10 吨级大型车,从集货中心向基地的运输采用可装 8 只货箱的 4 吨级小型车,而 2 吨级的小型车则专门用来收集和递送一些零堆货物。宅急便的规范化运输管理,大大提高了运输效率,不同吨级货车的搭配使用也降低了物流的成本。

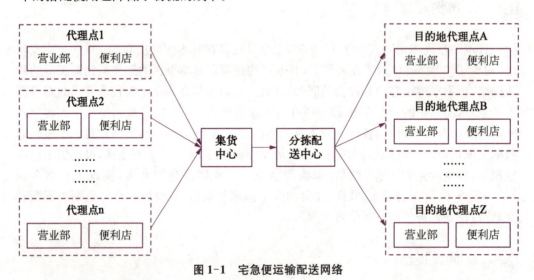

图 1-1 宅急便运输配送网络

2. 个性化服务的拓展:输出创新

雅玛多宅急便自成立以来不断开拓更加广阔的需求市场,它不止步于满足客户现有需求,更在探索和挖掘潜在的客户需求,通过更加个性化和专业化的服务设计,谋求长久的生存与发展。当前,宅急便的服务已经实现了客户范围从个人客户拓宽至企业客户,服务类型从滑雪板宅急便、高尔夫宅急便、冷链宅急便、机场宅急便等扩展出了更多的服务类型,配套的增值服务则针对不同的服务类型设置有折扣、指定配送时间段、利用宅急便中心取货服务、便利店手法、货到付款和利用往返件等,如表1-2所示。这些看似新奇的服务背后是宅急便服务创新能力的体现,也是其吸引客户的关键所在。对宅急便来说,只有想不到,没有做不到,也正是在这样不断的探索与创新过程中,使自身得到发展壮大。

表1-2 雅玛多宅急便个性化服务

客 户	服 务 类 型	服 务 说 明
个人客户	低温宅急便	寄送生鲜品,提供冷藏和冷冻2种温度带
	电脑宅急便	精密仪器,6种专用材料护航
	搬迁宅急便	搬家和搬迁到家电租赁一站式服务
	欢乐家具宅急便	从包装到开包,细致快速运输大型家具和家电
	美术品宅急便	专业员工负责的贵重美术品和文化财产国内外运输
	高尔夫、滑雪板宅急便	用具和手提行李在使用日前配送至运动场
	机场宅急便	家与机场之间的行李寄送
	往返宅急便	酒店和旅馆的寄送服务
	急速宅急便	傍晚前受理在次晨10点前配送
	国际宅急便	寄送至国外的极品和商品
	留学宅急便	优惠的留学货件寄送
企业客户	邮报宅急便	小件货物配送至邮箱
	产品目录和宣传册宅急便	产品目录和宣传册等促销用品配送至邮箱
	国际低温宅急便	针对企业和个人商户的生鲜品项亚洲的寄送服务
	次晨9点前配送	傍晚前受理在次晨9点前配送至主要都市

3. 落实服务细节:输出情感

雅玛多宅急便始终秉持着要创造出更多的客户"笑容",以客户为中心,将服务落实到了细节当中,全面输出企业和员工情感,为客户带来了"温度"。雅玛多宅急便实行的是双"5"的规则,要求其员工遵守"整理、整顿、清扫、清洁、教养"5项规范,杜绝"无视投递指定时间、对顾客态度不好、随意将货物丢弃在顾客家门口、不认真小心对待顾客的货物、误送货物"5项恶行。而对于司机来说,他们年复一年日复一日去上班的第一件事便是做雅玛多体操,接着是经营理念、社员安全和安全注意事项的训导,高层管理者们相信早晨精神面貌的塑造和运输中注意事项的指导对一天的营运大有益处。于是礼貌地按响门铃、小心捧着包裹、身着整洁制服、面带笑容地出现在门口的年轻人逐渐成为宅急便送货员在大众眼中的形象。"脱帽、敬礼、签收、确认、鞠躬道谢"是雅玛多宅急便送货员的服务标准,"传送物品的同时也传递了一份情谊"。在这一系列的服务细节规范和要求下,雅玛多宅急便的及时到达率始终高于85%,货损率低于万分之三,客户投诉率低于5%,客户满意度高于95%,正是通过这种高效、人性化的服务细节,输出了其企业文化和情感。

4. 信息系统支撑:输出信息

雅玛多运输公司是运输界第一个采用条形码的公司,其宅急便的信息系统被称为"猫系统"。从最初的以路线和货运为中心,用专用线缆引导线路集中货物信息进行处理到POS销售时间终端机的引入,再到携带型终端机的开发、使用。宅急便始终在信息化的推进中走在前面。现在每个业务司机的手上,都有一支携带式POS销售时点系统,大大节省了输入数据的时间。利用数据库的优势,只要货物发出,货主随时可以通过网络系统查询记录知道货物是否到达。配送跟踪的关键在于货物、装车、发货等必须对这些环节的节点进行有效控制,只要将携带式POS系统与计算机联机,只要5分钟,就可精确无误地生成每天集货配送客户信息的现金报表。每件包裹在收件、转运、配达的过程中,业务司机都会用携带式POS扫描托运单上的计算机条形码,将货件数据实时地回传到中央系统。消费者只要利用宅急便网站的"货物追踪查询"功能,输入托运单上的货件编号,马上就可以知道现在货在何处,具体信息输出流程如图1-2。

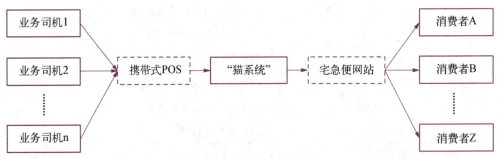

图1-2 信息输出流程

在这些信息数据的支撑下,宅急便还搭建了信息管理和控制中心。通过与物流中心相连接,建立起包括商品、顾客和物流信息等的数据库,承担着订货、物流查询、销售促进的职能。并且信息管理系统还能为生产商、通信销售、消费者个体提供信息支持,针对生产商,系统可以帮助客户企业了解消费者需求,协助企业接受顾客订货,通过数据分析协助其制定销售计划和经营战略;针对通信销售业务,可为其提供从订货到配送全过程的顾客、商品、出货和收账管理的顾客信息管理支持系统;针对消费者个体,则可对消费者信息进行分析,建立客户管理体系,从而制定适合不同客户群体的销售活动。

5. 源源不断:输出技术

在技术运用上,雅玛多宅急便充分利用了AI、条形码、物体识别、AR等技术,提高了服务质量、服务效率和客户满意度,为智慧物流的建设奠定了基础。其利用AI技术,开通自动语音应答功能,为客户提供电话取件请求服务,通过缩短电话等待时间来减轻客户压力,进一步提高了客户的满意度。其利用条码扫描、物体识别技术和增强现实(AR)等计算机视觉,为装运到交付的一系列流程提供新的附加值。在二维码技术的支持下,宅急便会对目的地的个人信息进行二维编码,签发交货单贴于包裹上进行运输,二维代码无法确定交货单上的个人信息,从而降低了个人信息泄露的风险,并且其还与 Eazy Crew 等企业合作,为用户发送实时更新的寄件信息,满足了客户多样化的需求。

在技术研发上,雅玛多的技术研发创新的脚步从未停歇。从 2013 年,雅玛多便开始运营羽田 Chronogate、厚木 Gateway、冲绳国际物流 Hub 项目,将独自的 LT(物流技术)、IT(信息技术)、FT(金融技术)与其在日本和亚洲不断扩大的最后一公里网络有机融合起来,不仅在个人顾客领域还在企业物流领域掀起改革。在 2019 年,雅玛多宅急便展示了其投入研发的无人运输机飞行试验,通过自动飞行或将能研发出运送重达 450 千克货物的"空中卡车"技术,该"空中卡车"也预计将在 2025 年投入使用,有望在无人机运送上进一步提升其配送效率。除此之外,雅玛多还与电装和山户运输株式会社共同研发了更加安全、可靠、便携、灵活、环保的小型移动制冷机"D-mobico"。

四、结束语

在速递企业发展迅速、竞争日益激烈的当下,要求企业在准确地捕捉收货方客户的需求,不断地开拓其市场和领先一步创造新价值的同时,也需要深入思考自身的营运特点与核心竞争力的问题,抓住自身特点发散思维,大胆创新,要拥有总揽全局和长远发展的眼光,联系实际,做大做强。

思 考 题

1. 谈谈雅玛多宅急便的核心竞争力是什么?
2. 结合案例,谈谈雅玛多宅急便在创新方面有哪些做法。
3. 试总结宅急便在提高运输管理效率上的举措,以及对其他企业的启示。

第二章　仓储管理

仓储和运输是同样重要的物流功能因素，仓储功能又包括了对进入物流系统的货物进行堆存、管理、保管、保养、维护等一系列活动。仓储作业是指从商品入库到商品发送出库的整个仓储作业全过程，主要包括入库流程、在库管理和出库流程等内容。仓储管理的目的是确保物流畅通、安全、有序，降低库存积压，提高库存周转率，促使销售、生产、采购相协调，加速资金流通。

案例4　美的仓储管理优化

案例涉及的基本知识点

1. 仓储，简而言之，就是在特定的场所储存物品的行为。"仓"也称为仓库，为存放物品的建筑物和场地，可以为房屋建筑、大型容器、洞穴或者特定的场地等，具有存放和保护物品的功能；"储"表示收存以备使用，具有收存、保管、交付使用的意思，当适用有形物品时也称为储存。"仓储"则为利用仓库存放、储存未即时使用的物品的行为。

2. 仓储系统包括存储空间、货物、仓储设施设备、人员、作业及管理系统等要素。

▶ 一、案例背景

创建于1968年的美的集团，是一家以家电为主，涉足房产、物流等领域的大型综合性现代化企业集团，是中国最具规模的家电生产基地和出口基地之一。营销网络遍布全国各地，并在美国、德国、日本、韩国、加拿大、俄罗斯以及我国香港等地设有10个分支机构。

美的集团主要产品有家电空调、商用空调、大型中央空调、冰箱、洗衣机、饮水机、电饭煲、电压力锅、微波炉、烤箱、风扇、取暖器、空气清新机、洗碗机、消毒柜、抽油烟机、热水器、吸尘器、豆浆机、电水壶等家电产品和空调压缩机、冰箱压缩机、电机、磁控管、就、变压器等家电配件产品，拥有中国最大最完整的空调产业链、微波炉产业链、洗衣机产业链、冰箱产业链和洗碗机产业链，拥有中国最大最完整的小家电产品群和厨房家电产品群。美的未来将形成产业多元化、发展规模化、经营专业化、业务区域化、管理差异化的产业格局。

二、问题提出

美的在发展过程中也遇到很多问题。美的现有的仓储资源过于分散,仓储资源整合利用难度大,旺季收发货效率低,物流设备资源配置不足且严重缺乏;仓储管理技术不成熟,经营管理理念落后,仓库的收发化作业方式落后,信息处理速度慢,信息价值得不到充分体现;仓储人才的缺少和考核不完善,无法保证库存的准确性以及发货的准时性,客户抱怨较大;物流功能区不足,仓储作业区设置结构不合理,单元化程度低,仓库既是物料仓也是配套仓,目前没有合理的物料暂存区,不能准确知道货物的库龄情况,有货物积压很久的情况,致使厂内厂外定置管理很难到位。

三、具体措施

1. 优化新建库房物流功能区布局

在备货区设置备货区一、备货区二,这样可以进行双向作业,两个备货区,增加效率。进出货是仓库各项工作中最重要的作业项目,建议在仓库的另一侧修建一个同等规模的装卸作业平台,以提高装卸效率。

2. 提供更完善的供应链服务

加强回收物流的理念,对于退货商品等进行更完善的服务,加强供应链思想;优化仓储网络,对全国的仓储网络进行重新定位;加强企业之间的合作与联系,而不是封闭自己的信息网络。建设公共信息平台,实现仓储管理信息化。

3. 加强仓库的规范化管理

统一人员、设备的管理,加强仓库的控制,与自己的客户进行信息的定时分析讨论,为仓库的收、发货作业提供快速、准确的指示。

4. 注重专业人才的培养

加强仓储人才培养,注重实践能力的培养,建立专门的仓储培训机构,针对不同工作岗位的员工进行不同的培训,在实际工作上多多注意理论与实践的结合;此外对员工制定并实施科学的考核标准。

5. 仓储管理系统的全面应用

仓储管理系统已经在美的生活电器事业部全面应用,通过系统把仓库指令自动地传递到仓库,并可实时监控仓库的运作。信息透明可以及时、准确和完整地帮助企业获得完整的运作信息,也可把收发货指令及时和准确地传递给仓库。

四、结束语

通过一系列对仓储管理的优化措施,美的成功实现了仓储出入库管理的优化及信息跟踪,这是企业整合资源、提升仓储管理水平取得的成效。

思 考 题

1. 美的在仓储管理环节中遇到了哪些问题?
2. 美的进行仓储优化的措施有哪些?

案例 5 华瑞物流全面启动仓储增值服务

案例涉及的基本知识点

1. 仓储增值服务,一般是指在仓储常规服务的基础上延伸出来的相关服务。
2. 库存量单位(stock keeping unit,SKU),即库存进出计量的基本单元,可以用件、盒、托盘等为单位。SKU是对于大型连锁超市DC(配送中心)物流管理的一个必要的方法。现在已经被引申为产品统一编号的简称,每种产品均对应有唯一的SKU号。

一、案例背景

随着国内物流市场的发展趋向成熟,物流企业靠资产、设施、关系来立足和竞争的时代已经过去,企业必须树立新的标杆。对以服务制胜的物流企业来说,超越单一的物流服务,转向为客户提供增值服务,以提升企业的品牌知名度和核心竞争力已成为物流企业冲出重围的一条新思路。在行业利润不断摊薄的境况下,增值服务也就成为物流企业竞相追逐的一块新奶酪。从物流增值服务的起源来看,仓储的延伸服务有原料质检、库存查询、库存补充、各种形式的流通加工服务,以及配送服务的集货、分拣包装、配套装配、条码生成、贴标签、自动补货等。这种增值服务需要有协调和利用其他物流企业资源的能力,以确保企业所承担的货物交付任务能以最合理的方式、尽可能小的成本来完成,最终满足客户的需要,为客户提供超出常规的服务。

华瑞物流股份有限公司组建于2008年3月,是一家由浙江华瑞集团控股、按照现代企业制度建立起来的综合型5A级物流企业。主营业务涵盖水陆运输、仓储配送、码头中转、货运代理、质押融资等;华瑞物流始终坚持"精于流通、专注服务"的经营理念,致力于打造具有华瑞特色的四维物流模式(图2-1)。华瑞四维物流理念的成功实践就是增值仓储。

图 2-1 华瑞四维物流模式

二、问题提出

目前我国大部分中小企业仓储存在诸多问题,华瑞物流也存在弊端,比如:华瑞物流在管理机制方面,各部门出于自己的利益与方便,各建属于自己的仓库,形成了各部门分割、地区分割、自备仓库自己用,相互封闭、重复建设的局面造成资金分散,管理落后、设备陈旧,仓库利用率低;仓库功能单一,设备陈旧落后;仓库空间利用率较低;仓管员素质不高;等等。

三、具体措施

根据这些情况,华瑞物流也制定了相应的解决方案。华瑞增强对现代物流理念的认识,加快引进和培育现代物流人才,构筑起工商企业现代物流管理体系以及与现代物流业发展相适应的交通和信息网络。

1. 实现仓储管理专门化

改善现行的仓储管理体制,形成统一的仓储市场体系,实现仓储管理的专门化。华瑞物流对原来分割于各个部门的不同物流环节进行一体化经营和管理的服务组织方式,必然要求打破原有市场条块分割、行政垄断的格局,因而,要构筑好现代化的运输和信息系统平台。

2. 完善仓储功能多元化

有机整合的多元化模式,能提供客户全方位的支持。仓储信息化是华瑞物流的又一个特点。华瑞集团下属的华瑞信息技术公司,建有"中国化纤信息网""中国棉纺信息网"等国内外知名网站,其强大的网络平台和专业队伍,使华瑞物流的客户能获得市场信息、远程物流资讯查询、物流 ERP 软件等多种信息支持,为华瑞物流实现仓储增值服务提供依据。

3. 加强企业基础设施建设

华瑞物流服务配送网点遍及国内多个大中城市。这些基地均位于经济发达、交通便捷、辐射纵深的长三角地区,是十分理想的物流集散地。公司在各库区内部硬件配置先进,自动化程度高,设有闭路监控防盗系统、智能通信系统、红外报警系统、烟感、温感报警系统、消防喷淋系统、恒温装置、电动横吊车、铲车,并建成了完整的计算机通信网络及管理系统,实现了管理的信息化和现代化,可以全方位配合客户大宗交易,实现全天 24 小时连续作业。

4. 加强企业的人才管理和文化宣传

提高自身服务质量的同时加强企业自身的人才管理和文化宣传。培养属于自己的人才,调动员工的积极性、发挥员工的创造性,研究挖掘和调动员工的积极性和创造性的途径。一是普及物流知识,努力提高现有从业人员的素质。二是建立吸引物流人才的机制。建议杭州市萧山区政府把引进物流专业人才纳入区引进紧缺人才计划,吸引高素质人才落户萧山。三是充分发挥物流行业协会的作用。通过行业协会,能培养和引进高层次的物流管理人才、技术人才、教育人才,给物流同仁提供了一个发掘人才、相互学习、交流经验的机会。

5. 提供金融仓储服务

提供解决客户融资难的金融仓储服务。小企业融资难一直是江浙地区企业令人头痛的问题。为此华瑞和多家银行合作,利用自身规范的仓储管理,提供仓储货物质押服务(图2-2)。制造商将一批纺织化纤产品存入华瑞的仓库,华瑞按规定流程进行验收检验,向其出具仓单并通知银行。银行根据三方协议,将仓单质押后给企业提供一定额度的贷款。企业到期还款后银行再通知仓库解除货物的质押。必要时,华瑞信息公司利用其强大的纺织化纤专家团队提供货物估值、市场行情分析等咨询服务。另外,制造商可利用华瑞的保税仓库,对进口原料入库暂缓缴税和出口产品入库提前退税,这在一定程度上为企业缓解了资金压力。

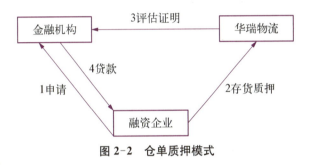

图2-2 仓单质押模式

6. 仓库与物流中心的选址

选择合适地点作为仓库和物流中心。选择合适的仓库地点并采用高效的仓储设施,提高库存量单位(SKU)容积率,降低货品的破损率,以及采用高效的库存条码管理系统、信息查询系统。

四、结束语

华瑞物流股份紧密围绕"敬业、精业、勤业"的企业理念,和"安全、高效、快捷"的服务宗旨,提高和完善仓储服务水平,努力提供一流的场所设施和完备的服务,从制度上、流程上、服务质量标准与控制上,对现有的业务项目进行优化管理,通过与国内外知名第三方物流企业的合作,提高自身物流管理、规划和策划能力,进入更深层次的供应链管理,为物流行业开展增值仓储服务建设提供了经验,也获得了广大客户的一致认可。

思 考 题

1. 华瑞物流开展增值仓储服务与其他企业相比有何特色?
2. 企业发展物流增值服务的途径和方法有哪些?

第三章　装卸作业

装卸搬运是随运输和保管而产生的必要物流活动，是对运输、保管、包装、流通加工等物流活动进行衔接的中间环节，以及在保管等活动中为进行检验、维护、保养所进行的装卸活动，如货物的装上卸下、移送、拣选、分类等。在物流活动的全过程中，装卸搬运活动是频繁发生的，因而是产品损坏的重要原因之一。对装卸搬运的管理，主要是对装卸搬运方式、装卸搬运机械设备的选择和合理配置与使用以及装卸搬运合理化，尽可能减少装卸搬运次数，以节约物流费用，获得较好的经济效益。

案例6　云南双鹤医药的装卸搬运

案例涉及的基本知识点

1. 装卸搬运，是指在同一地域范围内（如车站范围、工厂范围、仓库内部等）以改变"物"的存放、支承状态的活动称为装卸搬运装卸，以改变"物"的空间位置的活动称为搬运，两者全称装卸搬运。

2. 搬运活性，是指物料的存放状态对搬运作业的难易程度。散放在地上的物料要运走，需要经过集中、搬起、升起和运走四次作业，所需人工作业最多的活性水平最低。

▶▶ 一、案例背景

装卸搬运是物流各阶段之间相互转换的桥梁，在任何其他物流活动互相过渡时，都是以装卸搬运来衔接，因而，装卸搬运往往成为整个物流"瓶颈"，是物流各功能之间能否形成有机联系和紧密衔接的关键，而这又是一个系统的关键。建立一个有效的物流系统，关键看这一衔接是否有效。

云南双鹤医药有限公司成立于2001年11月，是按现代企业制度运营的独立法人单位，是一个以市场为核心、现代医药科技为先导、金融支持为框架的新型公司，是西南地区经营药品品种较多、较全的医药专业公司，现已成为云南医药市场药品、化学试剂、医疗器械、商业流通领域的佼佼者，拥有医院销售、药品配送、医疗器械中心、化学试剂中心、"新农合"销售部等经营业务部门。

二、问题提出

装卸搬运活动是衔接物流各环节活动正常进行的关键,而云南双鹤恰好忽视了这一点,由于搬运设备的现代化程度低,只有几个小型货架和手推车,大多数作业仍处于人工作业为主的原始状态,工作效率低,且易损坏物品。另外仓库设计得不合理,造成长距离的搬运;并且库内作业流程混乱,形成重复搬运,大约有70%的无效搬运,这种过多的搬运次数,损坏了商品,也浪费了时间。

三、具体措施

要想构筑先进的物流系统,提高物流管理水平,需要减少装卸搬运环节,提高装卸作业的机械化程度,尽可能地实现作业的连续化,从而提高装卸效率,缩短装卸时间,降低物流成本,为此,云南双鹤医药采取了一些改进措施:

1. 防止和消除无效作业

尽量减少装卸次数,尽量选择最短的作业路线等以防止和消除无效搬运作业。

2. 提高物品的装卸搬运活性指数

企业在堆码药品时事先考虑装卸搬运作业的方便性,把分类好的物品集中放在托盘上,以托盘为单元进行存放,既方便装卸搬运,又能妥善保管好物品。

3. 积极实现装卸作业的省力化

通过科学分析,在装卸搬运环节巧妙利用货物本身重力,尽量采用机械化作业,减低了劳动强度,原有的人工作业逐步向有动力的各类运输带(板)改变,减轻了劳动强度和能量的消耗。

四、结束语

装卸搬运是物流过程中的重要的一环,合理分解装卸搬运活动,对于改进装卸搬运各项作业、提高装卸搬运效率有着十分重要的意义。云南双鹤医药通过减少装卸搬运次数、提高装卸搬运活性指数,逐步实现装卸作业的省力化和物流管理水平的提升。

思 考 题

1. 与一般物品相比,医药物品装卸搬运时更需要注意哪些方面?
2. 装卸搬运合理化的基本原则有哪些?

案例7 红云红河装卸搬运的优化

> **案例涉及的基本知识点**
>
> 烟草物流：广义上的烟草物流，是指烟草及其制品、烟用原辅料从生产、收购、储存、运输、加工到销售服务整个过程中物质实体运动以及流通环节的所有附加增值活动；狭义上的烟草物流，是指烟草行业基于社会职能分工的不同，工业企业、商业企业及相互之间发生的烟草制品和相关物资实物的移动活动。

一、案例背景

红云红河烟草（集团）有限责任公司（以下简称"红云红河集团"），成立于2008年11月，集团是以烟草为主业、跨地区经营的大型国有企业，其核心品牌"云烟"和"红河"为"中国驰名商标"和"中国名牌产品"。截至2021年底，集团总资产956.16亿元、净资产804.1亿元，共有在岗员工9 623人。2021年，集团实现税利列行业第3位，在2020年超过历史最高水平的基础上再创新高；全年品牌商业销量列行业第1位，商业销售额列行业第3位。

红云红河集团具备多个生产车间及多条全自动的进口卷包线，每个生产车间都具备自动高架库，成品烟能自动装车，具备较高的物流水平。

二、问题提出

烟草物流具有很强的地域性特征，烟草企业物流基本都分辖区管理，同时卷烟属贵重物流、易燃、易损坏、易变性、易受潮。因此烟草物流区别于其他物流，对配送和仓储等的要求较高。在以往的操作和运营中，红云红河集团面临如下问题：

（1）合并装卸搬运环节繁杂且次数过多。装卸搬运不仅不增加烟叶的价值和使用价值，相反会导致烟叶的"综合碎耗"，生产成本随之增加。

（2）生产物流作业的集中程度过低，机械化、自动化作业目标尚未达成，人工化作业较为普遍。

（3）托架单元化组合使用度不够，装卸搬运过程中货物的损失增加，装卸成本增加，烟草的安全性得不到保障，烟草的质量未能过关。

（4）未能合理分解装卸搬运程序，影响装卸搬运的效率。

三、具体措施

针对存在的问题,红云红河立即着手进行了如下改进:

(1) 取消和合并装卸搬运环节。红云红河集团在生产物流系统设计中研究了各项装卸搬运作业的必要性,千方百计地取消、合并装卸搬运环节,减少装卸搬运的次数。

(2) 实现生产物流作业的集中和集散分工。红云红河集团在安排存储保管物流系统的卸载点和装载点的时候就尽量集中。在货场内部,同一等级、产地的烟叶尽可能集中在同一区域进行物流作业,如建立专业货区、专业卸载平台等。

(3) 托架单元化组合充分利用机械进行物流作业。公司在实施物流系统作业过程中要求充分利用和发挥机械作业的优势,如叉车、平板货车等,增大操作单位,提高作业效率和生产物流"活性",实现物流作业标准化。

(4) 合理分解装卸搬运程序,改进装卸搬运各项作业。提高装卸搬运效率,力争在最短时间内完成烟叶加工的所有工艺流程。

(5) 提高生产物流的快速反应能力。通过烟叶数据库的建设,促进网络信息的发展,将物流的各个环节连成一个整体,按照统一的生产计划准时地实现烟叶物资的流动。

(6) 加强现场管理,减少和简化生产工艺流程。红云红河集团不仅完成了"加湿降尘"和"加湿降碎"系统的技术改造,改进了烟叶的传统堆码方法,采用整包保湿,在挑选工序就完成对烟叶的解包,还对挑选生产的主要物流载体(如烟笼、托盘等)进行技术改造。

四、结束语

红云红河集团对装卸搬运过程中出现问题的良好解决,以及加强现场生产管理和简化生产工艺流程,促进了生产现场管理水平的提高。物流管理系统活化了各生产物流子系统及其相互间的作业关系,从根本上简化了生产作业流程,实现了标准化的物流模式,有效地降低了烟叶的综合碎耗和生产成本。

思 考 题

1. 烟草物流有哪些特点?对装卸搬运有哪些要求?
2. 红云红河集团在烟草的装卸搬运中存在哪些问题?
3. 红云红河集团是如何改进装卸搬运作业的?
4. 红云红河集团装卸搬运的优化给其他企业带来了怎样的启示?

第四章　配送作业

配送是物流中一种特殊的、综合的活动形式,是指在经济合理区域范围内,根据客户要求,对物品进行拣选、加工、包装、分割、组配等作业,并按时送达指定地点的物流活动。从物流来讲,配送几乎包括了所有的物流功能要素,是物流的一个缩影或在某一范围中物流全部活动的体现。一般的配送集装卸、包装、保管、运输于一身,通过这一系列活动完成。

案例8　中邮物流进军赣南脐橙的分销配送

> **案例涉及的基本知识点**
>
> 分销是指建立销售渠道,即产品通过一定的渠道销售给消费者。也可以说产品由生产地点向销售地点运动的过程。

▶ 一、案例背景

中邮物流有限公司成立于 2003 年 1 月 18 日,隶属于中国邮政集团,是专业经营和管理邮政物流业务的大型国有企业,注册资本 3.7 亿元人民币。公司下设 31 个省级子公司,是一家集仓储、封装、配送、加工、理货、运输和信息服务于一体的现代综合性物流企业。

近年来,中国邮政充分发挥网络和品牌优势,积极拓展服务领域,推动地方经济的有序发展。中国邮政网络点多面广、遍布城乡,三分之二的职工和网点分布在农村地区,在服务"三农"方面,具有得天独厚的资源优势。中国邮政的分销配送业务,坚持服务"三农"的宗旨,充分依托邮政品牌优势和网络优势,利用邮政网点、人员、车辆,通过连锁加盟方式组织开展农业生产资料、日用消费品、农产品和其他商品销售与配送。

▶ 二、问题提出

目前,江西省赣南种植脐橙的规模已达到 150 万亩,年均产业价值达到 70 多亿元,基本实现了集种苗繁殖、果树农资、采购贮存、分级加工、销售流通、运输配送、中介咨询、货款结算为一体的赣南脐橙产业链。赣南脐橙的分销配送发展迅速,现今在赣南脐橙主产区的信丰、安远、寻乌三个县共从事赣南分销配送的企业就有300多家。面对颇受消费者青睐的具有果品优、价位好、市场俏的赣南脐橙,自2004年开始,江西省赣州市邮政局的部分县局在赣南脐橙下树上市的时节,便会组织人员参与经销,涉足赣南脐橙的分销配送。但是,由于受市场、网络、人才等诸多因素的影响,赣南脐橙的分销配送一直做不大,没能形成系统和品牌。

面对赣南脐橙分销配送的停滞不前的情况,中邮物流该如何发挥其现有的品牌、网络等优势,参与赣南脐橙的分销配送,服务当地经济的发展,是一个值得探讨的话题。

三、具体措施

为了更好参与赣南脐橙分销配送业务,中邮物流应当结合自身的经营能力、借鉴社会分销配送的成功经验,努力做大赣南脐橙的分销配送。

首先,应当建立规范的物流分销网络(图4-1)。物流分销网络包括物流运输网络、物流信息网络、物流客户网络和物流管理网络。通过规范的分销网络,有利于保证服务质量,降低运营成本,促进客户需求信息的即时对接。

其次,按照"产地＋邮政物流＋市场"的分销配送模式,系统性地组织赣南脐橙的分销配送。各省市的邮政物流部门应在渠道、网络、支撑等方面给予全网性的配合,并联合召开果品现场品尝和推广会,加大宣传。与此同时,赣南脐橙产地的邮政物流应

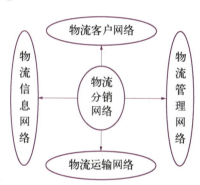

图4-1 物流分销网络的构成

当依据市场、销售行情,随行定价、论果定价,促进赣南脐橙的分销配送业务的发展。

最后,要培养专业经营人才。因为脐橙的分销、配送具有一定的特殊性,在果品论质、定价、销售等方面要求较高,各县市邮政公司应当培养一批会经营、懂果品分销配送的专业人才。

四、结束语

中国邮政通过建立和完善分销物流配送网络,从根本上实现规模经营和规模效益,提供专业化的服务,把优势变为胜势。通过全网通力合作、统筹发展,以优质的服务经营脐橙市场,一定能赢得广大消费者的认可。

思 考 题

1. 中邮物流在赣南脐橙的分销配送方面有哪些对策?
2. 与其他物流企业相比,中邮物流在赣南脐橙的分销配送方面有哪些优势?

案例 9　麦当劳与其"御用"TPL

案例涉及的基本知识点

1. 配送(distribution),是指在经济合理区域范围内,根据客户要求,对物品进行拣选、加工、包装、分割、组配等作业,并按时送达指定地点的物流活动。

2. 配送中心(distribution center,DC),是指从事配送业务具有完善的信息网络的场所或组织,应基本符合下列要求:① 主要为特定的用户服务;② 配送功能健全;③ 辐射范围小;④ 多品种、小批量、多批次、短周期;⑤ 主要为末端客户提供配送服务。

3. 第三方物流(third party logistics,TPL),是指由供方与需方以外的物流企业提供物流服务的业务模式。

▶ 一、案例背景

在全球的餐饮连锁机构中,麦当劳对于任何人都不陌生。谈及麦当劳,其广为人知的成功之处便是选址和营销,然而从物流配送的角度来看,麦当劳在这方面与同行业的竞争中也是可圈可点的。麦当劳成功源自诸多方面的努力,其中最关键的便是和其第三方物流服务商——夏晖公司的合作。

麦当劳在全世界大约拥有三万间分店,主要售卖汉堡包、薯条、炸鸡、汽水、沙拉等。麦当劳餐厅遍布在全世界六大洲百余个国家和地区。麦当劳公司旗下最知名的麦当劳品牌拥有超过 32 000 家快餐厅,分布在全球 121 个国家和地区。另外,麦当劳公司现在还掌控着其他一些餐饮品牌,如 Aroma Cafe、Boston Market、Chipotle、Donatos Pizza。2019 年 10 月,Interbrand 发布的全球百强中麦当劳排名第九位,2020 年麦当劳公司的年营业额为 192 亿美元。麦当劳的黄金准则是"顾客至上,顾客永远第一"。最能体现麦当劳特色的重要原则是 QSCV 原则,即提供服务的最高标准是质量(quality)、服务(service)、清洁(cleanliness)和价值(value)。

▶ 二、问题提出

麦当劳物流配送的成功离不开其坚持不懈的投入,这一点在麦当劳餐厅的开业之前所做的准备工作中就表现出来了。麦当劳餐厅完成选址之后,首要工作便是在当地建立生产、供应、运输等一系列的网络系统,通过这些来确保餐厅在第一时间获得高品质的原料供应。谈及麦当劳的物流，不能不说及夏晖公司。夏晖公司是麦当劳的第三方物流服务商，它不仅为麦当劳提供一系列的物流服务，还饰演了供应商的角色。

三、具体措施

一方面，麦当劳用委托代理的方式将物流业务承包给夏晖公司，夏晖公司为麦当劳代理制造、库存、配送及管理等活动；另一方面，夏晖公司还以供应商的身份为麦当劳管理库存，适时进行采购。两者一直以这样的方式进行了多年的密切合作，夏晖公司一直按照麦当劳对物流及食品质量的高要求为其提供服务，而麦当劳也没有将物流业务承包给其他的服务商。麦当劳通过夏晖公司建立的物流中心，为其各个餐厅完成订货、储存、运输及分发等一系列工作，并在各个餐厅与其供应商之间进行协调与链接，使各个餐厅物资畅通，食品的供应因此得到保证（图4-2）。为满足麦当劳的服务需求，目前，夏晖斥巨资建立起全国性的服务网络——除原设在香港和台湾的分发中心，夏晖在北京、上海、广州设立了食品分发中心，同时在沈阳、成都、武汉、厦门建立了卫星分发中心和配送站。

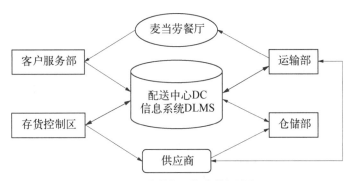

图 4-2 夏晖公司物流营运流程

夏晖公司在麦当劳物流运作中的地位不言而喻，一直忠心耿耿地为麦当劳提供服务，而麦当劳也没有"移情别恋"，一直选择夏晖作为其"御用"第三方物流服务商，两者维持长达30多年默契的合作关系，秘诀是什么？从麦当劳方面来说，麦当劳重视物流，准确说是重视物流服务商提供的高品质服务，夏晖在提供物流服务方面做得非常出色。同时，为了集中精力发展核心业务，分担经营风险，提高绩效，麦当劳选择物流外包的策略。而从夏晖方面来说，它能提供麦当劳所要求的物流服务，有物流方面的优势资源可以集中利用，且有较高的信誉和专业的服务精神。这些体现了两者的合作需求，但只有合作需求是远远不够的，其中还有企业经营理念的支撑。麦当劳重视合作伙伴，不会亏待他们。举个例子来说，麦当劳在进军东南亚某国市场时，夏晖随之在当地建立配送中心，但因该国国内动荡使两者遭受巨大损失，而夏晖的损失则由麦当劳承担，麦当劳的企业精神在这里便可体现出来。

四、结束语

麦当劳的物流过去是领先者，现在是领导者，未来还在不断学习和改进中。麦当劳通过与夏晖公司的合作在物流配送方面取得成功,物流外包的策略有其可取之处,但长期的物流外包,且只选择单一的物流服务商,必然存在一定的风险,麦当劳应该在风险防范方面做更多的努力。

思 考 题

1. 麦当劳选择物流外包的原因是什么?
2. 麦当劳只选择夏晖做第三方物流服务商存在哪些风险,应如何防范?
3. 从麦当劳与夏晖公司的合作中能得到什么启示?

案例 10　连锁便利店 7-Eleven 的配送变革

> **案例涉及的基本知识点**
>
> 共同配送，是指在一定区域内为了提高物流效率，对许多企业一起进行配送。共同配送主要追求的目标是使配送合理化，其本质是通过作业活动的规模化降低作业成本，提高物流资源的利用效率。

▶ 一、案例背景

7-Eleven 连锁便利店的前身是美国南方公司，1927 年创立于美国得克萨斯州达拉斯市。其零售店铺主要销售一些顾客常用的冰块、牛奶、面包和鸡蛋等，被誉为美国便利店的萌芽，这些零售店铺就是 7-Eleven 便利店的前身。1946 年，南方公司将下属所有的便利店统一更名为 7-Eleven 便利店，意即"早上 7 点开门，晚上 11 点关门"，从而真正揭开了便利店时代的序幕。

1964 年，7-Eleven 开始实施特许加盟经营，从而实现规模快速扩张。20 世纪 80 年代末，由于多元化投资失败等原因，美国南方公司申请破产。1991 年，伊藤洋华堂和日本 7-Eleven 绝对控股了南方公司。1999 年美国南方公司正式更名为 7-Eleven 有限公司，主要负责全球各地品牌授权业务。目前 7-Eleven 的业务已经遍及四大洲的 17 个国家和地区，开设 70 207 家便利店，每日为接近 3 000 万的顾客服务，而在中国的门店数已达 8 803 家，长年稳居全球最大连锁便利店的宝座。

▶ 二、问题提出

1. 需求监控和信息采集困难

随着时代的发展，顾客对商品的需求不断在变化，为了不被时代淘汰，就需要根据顾客的需求变化，不断更新销售的商品，但 7-Eleven 的便利店分布区域广、数量多，并且便利店内每日的客流量大，当时线下的顾客信息难以被完全统计和分析，导致需求信息无法被完全掌握和预测。除了基本的顾客需求外，如何采集、分析和利用每日的销售信息、在途商品、库存信息、订单信息、财务信息和供应商信息等数据，这也是 7-Eleven 便利店所要思考的问题。

2. 配送效率低下

7-Eleven 的便利店都是面积较小的铺面，通常没有储存场所，为提高销量，便利店不得不采用频繁、小批量进货,这种进货方法给配送带来了不小的挑战。除此之外,7-Eleven最初所采用的传统配送模式,其实是通过多家批发商分别负责采购不同供应商的商品,再由这些批发商对7-Eleven的所有便利店进行供货,如图4-3所示。这其实是源于当时日本许多批发商把自己定性为某些特定供应商的专门代理商,只允许经营一家供应商产品,而当7-Eleven经营一系列产品时,就不得不和许多不同的批发商打交道,而且每个批发商都要用单独的货车向7-Eleven的便利店门店送货,再加上频繁和小批量的送货方式,这都导致了送货效率和配送系统效率的低下。

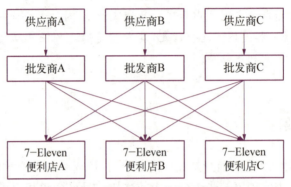

图4-3　7-Eleven传统的配送模式

3. 如何快速占领市场

7-Eleven作为连锁的便利店,店铺面积并不大,要如何选择店铺地址,如何吸引顾客,如何管理众多的便利店店铺,才能实现7-Eleven在市场上的稳步和快速扩张呢?

三、具体措施

1. 建立信息系统

7-Eleven是在全球较早建立起信息系统的企业。1982年,7-Eleven便成为日本第一家引进POS系统的企业。1991年,7-Eleven安装了综合数据业务网络(integrated services digital network,ISDN),连接5 000多家商店,成为当时世界上最大的ISDN。后来,7-Eleven又求助于美国微软公司和NEC公司,帮其建立一个属于自己的信息系统(E系统),形成了自己的信息网络,如图4-4所示。

该系统主要由7-Eleven总部计算机、数据库、7-Eleven便利店、配送中心计算机、供应商计算机五部分组成。E系统可以收集全日本各个便利店的销售和进出货信息,并加以分析,同时还能实现7-Eleven便利店、7-Eleven配送中心和供应商的实时通信。信息系统的运用能够为7-Eleven提供了以下几项功能:

(1) 掌握顾客需求。7-Eleven公司可以使用销售数据和软件改善企业的质量控制、产品定价和产品开发工作。通过E系统,7-Eleven公司可以收集所有商店的销售信息,并在20分钟内完成分析,分辨出哪些商品具有吸引力,从而把握住顾客的需求,掌握顾客的消费心理,从而制定相应的销售战略。

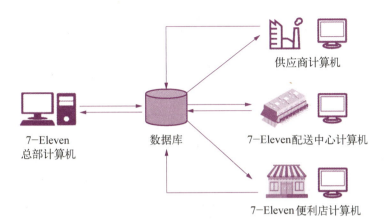

图 4-4　7-Eleven 的"E 系统"

（2）预测市场趋势。顾客的消费习惯随着时代的发展不断在改变，及时、准确地把握市场趋势对每一个企业都十分重要。7-Eleven 公司在 E 系统的支撑下，可以收集便利店的销售、订货和 POS 数据进行分析，从而得出全日本不同地区的消费行为和相应的影响因素，并且依据所分析的数据对顾客日后的消费行为进行预测，从而把握市场趋势，与市场潮流保持同步。

（3）提高订单流动效率。7-Eleven 利用 E 系统使订单的流动加快，订单的电子处理过程不超过 7 分钟，相比以往的纸质订单的处理和整合，E 系统的电子订单处理和整合大大提高了公司需求流动和响应的效率，使公司的运作速度得到有效提升。

（4）实现及时通信。通过 E 系统，可以实现 7-Eleven 总公司、7-Eleven 配送中心、7-Eleven 便利店、供应商四者之间的实时通信，并且利用 E 系统可以进行电子订单在四者之间的传递和接收，促进了四者之间的交流和互动，便于 7-Eleven 对便利店和配送中心的仓储、销售信息进行实时监控和数据的采集，优化了信息的收集和处理，提高了公司对供应链的管理效率。同时，及时的通信还可以使便利店实现小批量和高频次的进货，从而降低便利店的库存成本。

2. 配送模式革新

在连锁店商品供给配送的模式上，7-Eleven 经过了一系列的改革，其供给配送模式经历了"集约配送-共同配送-细化配送"这一过程的不断优化。

（1）集约配送。集约配送是指将以往由多家批发商分别向多个便利店进行送货，更改为由在一定区域内选择出的一家特定批发商同一管理该区域内的同类供应商，由该特定批发商项区域内的 7-Eleven 统一配送货物，从而打破厂商间存在的壁垒，如图 4-5 所示。例如，在某地区，啤酒供应商 A 所属的啤酒批发商不仅拥有供应商 A 的产品，还拥有供应商 B、C 的产品，则由供应商 A 的批发商将这些产品送到 7-Eleven 各门店。这里，首先是确定由谁来充当窗口批发商，决定窗口批发商后，由其向该区域进行配送。由特定的批发商一次筹集多家供应商的产品，可获得规模经济效应。同时，因为在支配性战略，一定区域的店铺密集度提高，平均每家店铺的销量增多，物流费用降低，加之经营商品和供给厂商数量集中，使得基本交易量规模变大，规模经济就会显现出来。

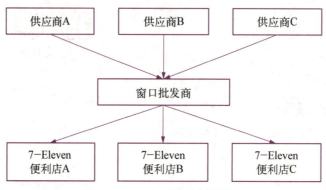

图 4-5　7-Eleven 集约配送模式

（2）共同配送。共同配送是指 7-Eleven 自己设立了共同配送中心，代替以往的特定批发商，承担起统一集货和统一配送的任务，如图 4-6 所示。多家供货企业和多个商品共同利用配送中心、保管仓库、车辆等物流设备，可获得范围经济效果。同时，7-Eleven 的配送中心还利用自己搭建的信息系统和 7-Eleven 便利店相连，接收来自便利店的库存报告和订货报告后，配送中心把这些报告集中分析，最后形成不同的订单通过网络发送给供应商。供应商再根据订单做出响应，配送中心接收到来自供应商的货物后，对下达订货需求的便利店进行配送，通过订货和库存信息的快速传递、统一集货和配送，可以有效提高向便利店配货的效率。

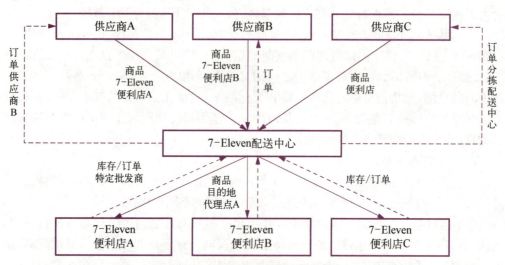

图 4-6　7-Eleven 共同配送模式

（3）细化配送。随着店铺的扩大和增多，7-Eleven 的配送越来越复杂，为了实现高效率的配送，7-Eleven 在共同配送的过程中，根据配送时间和配送种类将商品进行细分，构建起不同温度的配送体系，对不同温度需求的商品采用不同方法和温度的配送，如图 4-7 所示。例如，沙拉等日配品、牛奶、火腿肠等三个商品群虽然在商品特征、行业结构上差异很大，但它们的共同点是在物流过程中的控制温度均为 5℃。于是，一个新想法就出现了,即超越商品和行业的不同,只要是控制温度带相同的商品,就在同一配送中心和仓库保管,用同一车辆混载。

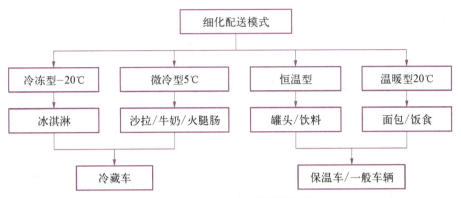

图 4-7　7-Eleven 细化配送模式

3. 地毯式的集中开店策略

为了快速占据某个地区的市场主导地位,7-Eleven 采取了地毯式的集中开店策略。当 7-Eleven 公司决定在某地开店时,它不会采用零散设店的方式,而是采取在这个区域内密集开店的方式,以形成压倒性的优势,从而达到规模经济效益,如图 4-8 以北京的三元桥为例。同时,7-Eleven 公司在开店前还会进行调查,便利店的位置会设置在消费者的日常活动范围内,例如距离居民生活区较近的地方、上班或上学的途中、红绿灯附近、办公室或学校附近,根据对家庭状况、人口密度、客流量、购买能力等的评估,不同的 7-Eleven 店针对的年龄层不同,这样就避免了店与店之间的竞争,实现利益最大化。

图 4-8　7-Eleven 北京三元桥商圈店面分布

4. 人性化的便民服务

在 7-Eleven 的管理者眼中，7-Eleven 不仅仅是一家连锁便利店，也是作为一种基础设施建设而存在于社会中，有为民众提供便捷的职能。早在 2010 年，7-Eleven 各家门店便开始运用多功能复印机发行"身份证明复印件"和"印鉴登记证明"。有了地方政府的合作，顾客能在日本任何一家 7-Eleven 打印证明件，这是一项十分方便与快捷的服务。而在日常的便民服务项目中，不仅有公共事业费用的代收服务、税金的缴纳服务、ATM 取款、使用免费的无线网络、为居民交水费、订报纸、代存商品、交保险、证件照等，根据区域不同，有些门店甚至还设有休息区，顾客可以灵活地利用这块区域，或是买杯 7-Eleven 的现磨咖啡小憩，或是买些小吃便当直接坐在店内用餐。在便利店中提供的这些便民服务即成为 7-Eleven 与居民建立长久密切联系的方式，也使 7-Eleven 从这些社会公共服务的交易数据中，掌握了大量顾客的日常家庭开支、消费能力、消费层次等一大批数据。

5. 生态共享

7-Eleven 实际是一家集信息和零售制造为一体的公司。7-Eleven 采用特许加盟的模式，店铺为加盟主所有。7-Eleven 为加盟店提供经营上的支援，包括信息系统、商品开发与信息提供、开店、物流、经营顾问等多方面的支援；加盟店负责员工、订货、建筑物及设备等管理，通过毛利分配的方式，绑定相互的利益。同时，7-Eleven 将各个加盟店的供应链体系串联起来，根据消费者需求进行商品开发及采购，再运送到各个加盟店中。7-Eleven 是共享顾客、共享信息、共享物流、共享采购和共享金融的平台，所有参与方创造了巨大的商机，从而较好地满足了广大消费者的需求。

四、结束语

7-Eleven 作为全球领先的连锁便利店，面对最初需求监控和信息采集困难、配送效率低、寻求快速扩张的问题，7-Eleven 在探索中不断变革，通过建立"E 系统"，提高了信息收集、整理、分析和运用的效率；通过集约配送、共同配送和细化配送不断优化配送模式，提高了供给配送的效率；通过地毯式的集中开店、人性化的便民服务和特许加盟的生态共享，使其得以迅速扩张。敢于做出尝试和不断创新，坚持"便民、利民、放心"的服务理念，7-Eleven 凭此在零售市场上书写了属于它的商业传奇，7-Eleven 便利店当前遍布全球多个国家和地区，在将来也会在更多的国家和地区绽放属于它的色彩和光芒。

思 考 题

1. 试分析共同配送相比传统配送模式的优势。
2. 7-Eleven 的一系列措施对其竞争力的提高有何作用？是如何让其快速占领市场的？

第二部分　物流管理篇

- 第五章　库存管理
- 第六章　服务管理
- 第七章　决策管理
- 第八章　信息管理

第五章　库存管理

库存管理又称库存控制,是对制造业或服务业生产、经营全过程的各种物品、产成品以及其他资源进行管理和控制,使其储备保持在经济合理的水平上。库存管理的目标是在保证企业生产、经营需求的前提下,使库存量经常保持在合理的水平上;掌握库存量动态,适时、适量提出订货,避免超储或缺货;减少库存空间占用,降低库存总费用;控制库存资金占用,加速资金周转。

案例 11　美特斯邦威的成衣库存危机

案例涉及的基本知识点

牛鞭效应,又称为"需求变异加速放大原理"。其基本思想是:当供应链的各节点企业只根据来自其相邻的下级企业的需求信息进行生产或供应决策时,需求信息的不真实性会沿着供应链逆流而上,产生逐级放大的现象,达到最上游的供应商时,其获得的需求信息和实际消费市场中的顾客需求信息发生了很大的偏差,需求变异系数比分销商和零售商的需求变异系数大得多。由于这种需求放大效应的影响,上游供应商往往维持比下游供应商更高的库存水平。

一、案例背景

随着市场环境的不断变化,成衣库存已经成为我国服饰企业急需解决的一大难题。就目前中国而言,无论是大公司还是小公司,都有着不同程度的成衣库存。库存难题已经成为我国服饰企业进一步发展的绊脚石。

美特斯·邦威(以下简称"美邦")是美特斯邦威集团自主创立的本土休闲服品牌。美特斯邦威集团公司由周成建于 1995 年在中国浙江省温州市创建,公司主要负责研发、生产、销售美邦品牌休闲系列服饰。其主要的目标消费者是 16—25 岁活力和时尚的年轻人群。美邦致力于打造"一个年轻活力的领导品牌,流行时尚的产品,大众化的价格",倡导青春活力和个性时尚的品牌形象,带给广大消费者富有活力、个性时尚的休闲服饰。

二、问题提出

虽然美邦的销售额一直呈上升的趋势,但其成衣的库存危机却愈发严重。美邦服饰 2020 年年报显示,公司实现营业收入 38.19 亿元,同比下降 30.10%,截至 2020 年末,公司存货账面价值为 15.9 亿元,主要分布在存货、应收账款、货币资金等环节。居高不下的库存量已经成为美邦前进过程中的一颗定时炸弹。美邦库存危机的产生主要是由于以下几方面的原因:

1. 目标与行动不一致

美邦公司的目标是尽快扩大市场占有率,大范围开设专卖店,使美邦服饰的销售量不断攀升。为了维持持续增长的销售量,美邦公司采取了高库存的应对方式,仅 2011 年一年时间内,美邦的库存量就翻了三倍。此外,自美邦 2008 年上市之初,就与加盟商签订了为期三年的加盟合同,并且在合同中硬性规定各加盟商每年的销售量要增长 25%。如此一来美邦公司管理人员只会注重于加盟商每年的销售业绩而不考虑其经营状况,从而将企业的大量精力放在如何提高供应链的响应速度,而忽略了产品的销售速度。

2. 信息沟通不到位

美邦公司每季的订购会分南北两区,每个区花费三天时间,共六天完成。在美邦的订购会上,美邦首先会讲解一下最新的流行趋势,并且分析相应的数据,接着进行新品的 T 台展示,最后加盟商凭着自己的感觉对新品订货。以前美邦还开展过一些培训会议,例如介绍一些新型的布料、衣服的剪裁工艺等等,但是被加盟商认为没有意义而取消了。这种缺乏有效沟通的状况使得很多加盟商在订购新品时丧失了准确的判断。

3. 与加盟商的关系恶化

在产品价格博弈的过程中,大量的加盟商联合在一起具有相当大的优势。美邦公司为了控制住销售渠道,开始不惜高成本开直营店,这一做法立即引起了加盟商的强烈不满。美邦的加盟商是以五七折的折率从美邦进货,加上运费以及其他的费用,成本大概占销售原价的 60%。一个商铺的租金要占到成本的 15%,若是商场柜台的话这个数字要提高到 18%,加上 7%—8% 的人员成本,当加盟商自负盈亏打 8.5 折的时候,已经毫无利润空间,而直营店一般打的是 5—6 折,加盟商根本无法对抗直营店的价格优势。这样的局面使得双方的利益都受到伤害:一者加盟商利润微薄步履维艰,不愿再继续代理美邦的产品;二者随着大量加盟商的退出,美邦的产品销售不出去,造成了大量库存。

4. 不准确的需求预测

虽然美邦公司使用了 ERP 企业资源管理系统,有助于整条供应链的管理,但其在具体实施过程中却存在一些问题:美邦公司首先将新品发布在企业的内部网上,供加盟商选择,加盟商根据自身需求下好订单后,美邦将订单数据发给工厂进行生产。这里面美邦公司是根据加盟商的订单进行生产而不是市场销售数据,而加盟商往往是根据自身喜好或者一贯经验来下订单的,这样的做法极容易产生牛鞭效应,造成产品需求的放大,一旦产品销售出现问题,就会产生大量的积压。

三、具体措施

服装产品具有季节性,流行性,区域性,面料、款式和颜色类型多,生命周期短等特点,所以成品服装在仓库滞留的每一刻都会造成产品的贬值。针对上述问题及原因,美邦公司也积极采取了一系列改善库存积压的措施,具体包括:

1. 对加盟商销售业绩进行合理考核

美邦公司要想改善库存积压的局面需调整单纯对加盟商销售业绩进行考核的方式,应该通过对加盟商库存情况、销售情况和经营情况进行综合统计分析,及时了解到不同商品在不同市场上的客户接受情况,主动地将商品调拨到适合的卖场,以求减少库存积压的同时取得更好的销售业绩。

2. 加强与加盟商的友好合作及信息沟通

美邦公司首先要处理好加盟商与直营店的资源及价格偏向问题,其次要与加盟商建立友好的合作关系。通过与加盟商保持良好的信息沟通及信息共享,一方面掌握加盟商的销售状况从而进一步促进对产品的准确预测,另一方面使加盟商及时共享美邦关于时尚潮流的资讯,从而有效避免畅销产品缺货而滞销商品大量堆积的尴尬现象。

3. 及时处理积压存货

由于服装类产品具有颜色、品种变化很快的特点,因此要求服装企业的存货周转速度要不断地提高。存货不能积压,积压的产品会给企业造成很大的负担。过季的品种通过各种促销手段尽快清出柜台是大部分服装企业及时处理积压存货的必然手段,美邦也不例外。

4. 严格控制需求预测精度

高的库存积压使美邦公司意识到不能一味追求销售总量,控制总存货数量也是企业需考虑的关键问题。这就要求企业对市场需求的预测要精确,既不出现大量缺货也不生产大量存货,一方面要保证销售部门有合适的品种放在卖场,满足顾客的需要,另一方面也要保证生产的大部分产品都可以销售出去,不要产生大量滞销存货。

四、结束语

美邦公司此次的库存危机有公司的战略失误,也有其对市场预测的错误估计以及一些不确定的因素。对于美邦公司来说,只有把握供应链中各个环节的节点,对市场需求做到准确预测,对自身的生产、供应及流通流程做到全面的控制,对诸多不确定性情况做出有效应对,才能进一步实现高效库存管理。

思 考 题

1. 针对美邦公司的成衣库存危机,有哪些好的解决方法?
2. 对比"快时尚"行业的领导者,中国服装企业的库存管理差距在哪?

案例 12　襄汉公司的联合库存管理策略

> **案例涉及的基本知识点**
>
> 联合库存管理（jointly managed inventory, JMI），是指一种在供应商管理库存（vendor managed inventory, VMI）的基础上发展起来的上游企业和下游企业权利责任平衡和风险共担的库存管理模式。联合库存管理强调供应链中各个节点同时参与，共同制定库存计划，使供应链过程中的每个库存管理者都从相互之间的协调性考虑，供应链各个节点的库存管理者对需求的预期保持一致，从而消除了需求变异放大现象。

一、案例背景

进入 21 世纪以来，随着信息技术在企业中的大规模应用，企业的竞争模式发生了巨大变化，市场竞争已由以前单个企业之间的竞争演变为供应链之间的竞争。供应链上的各个企业通过信息交换、资源共享等途径达到共赢的目的。特别是对于制造企业而言，如何设置和维持一个合理的库存水平，以应对存货不足带来的短缺风险和损失，以及库存过多所引起的仓储成本和资金成本增加则成为其必须解决的问题。

襄汉公司成立于 1993 年，是一家大型设备制造企业，主要生产举重机械设备和混凝土设备，如汽车举重机、混凝土运输车等，2010 年其总资产超过 25.8 亿元，员工总人数超过 4 000 人。

二、问题提出

由于襄汉公司产品品种多，结构复杂，所需要的零部件和所用的材料种类多，库存物料品种多，为了应对需求波动和生产的不确定性，其不得不持有较高的库存，这就导致了公司库存管理方面的三大问题：

1. 库存管理多级化

襄汉公司没有成立统一的物流中心，没法对物料的采购、运输、仓储、配送进行统一管理。销售、制造、计划、采购、运输和仓储等的控制系统和业务过程各自独立，相互之间缺乏业务合作，从而导致多级库存。

2. 库存持有成本高

襄汉公司的各个事业部或分公司都有自己的仓储系统，单独进行库存管理。仓库、货场、设施和设备没有进行统一规划、统一管理,没有得到充分利用,增加了库存的空间成本,仓库还需要租金和人员管理,库存持有成本很高。

3. 库存质量控制成本高

襄汉公司作为一家大型机械制造企业,生产所需的原材料和零部件很多都来自外购,所需物料种类和规格型号多,企业供应商数量多,分布范围广,质量标准不一,因此就增加了襄汉公司产品质量控制的工作量,增加了检测人员及检测设备,从而导致库存质量控制成本高。

三、具体措施

为了打破以往各自为政的库存管理方式,襄汉公司决定建立全新的联合库存管理模式,流程如图 5-1 所示:

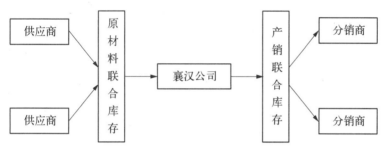

图 5-1 襄汉公司联合库存管理流程

1. 原材料联合库存

为襄汉公司供应原材料的供应商们将材料直接存入公司的原材料库中,使以前各个供应商的分散库存变为公司集中库存。集中库存要求供应商的运作方式是:按襄汉公司的订单组织生产,产品完成时,立即实行小批量多频次的配送方式直接送到公司的仓库补充库存。公司库存控制的管理重点是:既保证生产需要,又要使库存成本最小。具体的操作程序是:第一,分析公司原材料供应商的资质状况,从中筛选出符合公司要求的供应商,并确定为合作伙伴。第二,与确定的合作伙伴签订联合库存控制管理协议。第三,加强公司联合库存控制管理,既保证账目、单据、货物相符,又要保证货物不损坏变质。

2. 产销联合库存

襄汉公司总库承担产品储备中心的职能,相当于整个全国分库的供应商。在分库所辖区域内,设立地区中心仓库,承担各分销商产品供应工作。中心仓库的库存产品由公司总库配送或分销商代储。中心仓库的管理人员由总部指派,负责产品的接收、配送和管理。各中心仓库在联合库存协调管理中心即商务总库的领导下,统一规范作业程序,实时反馈产品需求信息,使联合库存协调中心能够根据进、出库动态信息,了解产品供应情况,充分利用现有资源,合理调配,提高发货速度,以最低的消耗,实现最大收益,及时准确保证分销商及市场的需求。

四、结束语

在联合库存控制管理下,供应商企业可以取消自己的产成品库存,而将库存直接设置到核心企业的原材料仓库中,分销商不建立自己的库存,产品由核心企业从成品库存直接送到用户手中。通过应用这种库存管理模式可以达到以下目的:第一,降低原材料采购成本,因为各个供应商的物资直接进入公司的原材料库中,减少了供应商的库存保管费用;第二,降低分销商销售成本。分销商不建立自己的库存,所售出商品由公司各区域分库直接发到用户手中,因此降低了成本,且能把所有的精力放到销售上,从而提高分销商的主动性、积极性,提高公司的产销量。

思 考 题

1. 结合案例阐述 JMI 能够给企业库存管理带来什么优势。
2. 简述 JMI 与 VMI 的异同点。

第六章 服务管理

物流服务管理是物流管理中的重要内容,是以客户满意为最终目标的,其本质在于满足客户需求。在许多发达国家,现代的物流管理已经不仅仅是局限在降低物流成本上,而是通过提供最适宜的物流服务实现企业效益的最大化。物流服务已成为企业打造核心竞争力,实现经营和发展战略目标的重要手段。

案例 13 中通:打造制造业的服务样本

案例涉及的基本知识点

1. 入厂物流,是指包括原材料等一切生产物资的采购、进货运输、仓储、库存管理、用料管理和供应管理,也称供应物流、原材料采购物流。汽车行业物流是所有行业物流中技术性最强、涉及面最广、复杂程度最高的,尤其是入厂物流,由于零件的种类繁多、数量庞大,管理难度较大。

2. 快递配送,从物流来讲,几乎包括了所有的物流功能要素,是物流的一个缩影或在某小范围中物流全部活动的体现。一般的快递配送集装卸、包装、保管、运输于一身,通过这一系列活动完成。

一、案例背景

中通快递创建于 2002 年 5 月 8 日,是一家以快递为核心业务,集中通星联、金融、快运、国际、商业、冷链、云仓、兔喜等生态板块于一体的综合物流服务企业(图 6-1)。2016 年 10 月 27 日在美国纽约证券交易所上市,向全世界打开了一扇了解中国快递发展的窗口;2020 年 9 月 29 日在我国香港地区实现二次上市,成为首家同时在美国、中国香港地区两地上市的快递企业。2021 年,中通快递全年业务量达到 223 亿件,同比增长 31.1%,全网服务网点 30 400+个,转运中心 99 个,直接网络合作伙伴 5 700+个,自有干线运输车辆 10 900 辆(其中超 9 000 辆为高运力甩挂车),干线运输线路约 3 700 条,网络通达 99%以上的区县,乡镇覆盖率超过 93%。近年来,中通快递持续重视自动化、科技化、智能化、绿色化发展,对于新装备的研发投入不断加大。

图 6-1　中通快递业务板块

二、问题提出

长春一汽富晟集团有限公司(以下简称"一汽富晟")是一汽集团的零部件配套供应商,业务以汽车零部件制造业及汽车备件仓储物流业为主。2018 年 8 月,为共同拓展全国主流汽车品牌售后物流业务、打造高水平的汽车物流服务体系,中通与一汽富晟签署战略合作协议,承接并提供了集约化、专业化、定制化的快递物流服务。签署战略合作协议后,中通快速布局快递进厂。长春一汽富晟的基地分布在东北、华东、华北和西南各地,其仓库里共有 8 万多种汽车零部件,每天通过中通发往全国 1 500 多家 4S 店。两个月后,中通进驻一汽富晟库房,后面储存货物,前面快递打包,将自身的服务链条延伸到零部件销售上下游全流程,包括包装、配送运输和末端配送等。两年后,此次合作已成为快递服务制造业的一个"样本",形成了入厂物流、订单末端配送、区域性供应链服务融合发展的成熟模式。中通快递是如何打造出这样一个制造业的服务样本的呢?

三、具体措施

1. 细致的打包服务

就和手机屏幕一样,原装总是贵点,汽车零部件也是如此,所以这对包装的要求就很高,要防震、防散,还要抗压。针对不同体积的产品,一汽富晟联合中通优化包装结构,定制了 30 多种不同规格的包装盒,并采买专业包材。另外,中通工作组还定期对员工进行培训,根据各类汽车零部件的特征采取最适合的打包方式。目前,运输破损率已接近为零,为制造商企业减少了破损成本和退货成本。此外,中通还提供快运、快递等不同的运输模式,帮助制造业降低物流成本。

2. 高效的快递配送

不同零部件加上个性化快递包装服务,是快递业与汽车制造业共生、互利共赢的开始。然而,要完全适应汽车配件供应链周转快、分布广、需求急等特点,高效的快递配送是关键。在全国,一汽富晟早已形成以长春本部为主,成都、佛山、青岛、天津基地为辅的布局,通过打通中心仓与各中转仓的信息通道,实施"多点多仓、就近配送"的分仓备货模式。为此,中通也积极与一汽富晟规划衔接,先后在长春、北京、成都、广州四仓设立"入厂快递"服务,在快递物流服务网络布局上实现与制造业的协同。在长春仓操作现场,中通根据发货的紧急程度设置了多种快递通道。例如,三包验收区和绿色通道里的货物都属于急用品,要求当天到、当天发,服务质量也得以提升。

3. 服务的智慧升级

除了提升基础设施、装备的自动化和智能化水平,一汽富晟也和中通快递在作业系统的信息化上进行了协同。每家4S店、每种包装箱都设置了专属的编号,通过订单号可以知晓商品重量、价格、放置的架区库位、4S店的地址、包装盒型号等信息,员工核对信息包裹上的信息即可。此外,一汽富晟借助中通自有的信息系统,还可以实现快递物流全链条可视化、透明化和可追溯。

4. 服务的资源聚集

为了给更多制造业企业提供专业化快递物流服务,中通快递吉林管理中心已在长春国际汽车城区域内购置土地21.66万平方米,计划总投资10亿元,上线更多快递基础设施,打造东北智能电商产业园项目。通过在制造业聚集区建设集约共享、智能高效的快递物流基础设施,让快递和制造业更紧密地联系在一起,从而帮助制造业企业把有限的资源集中于核心业务,实现向价值创造转变。

四、结束语

随着业务量稳步增长,中通快递驻长春一汽富晟项目组由最初的10人,增加到目前的60余人,日均配送量也由最初的100多单增长到近3 000单,月营业额最高可达800万元。自中通进驻后,一汽富晟的成本节约了将近50%,并且效率也得到了显著的提高。中通成功打造了一个服务制造业的"一汽样本"。

思 考 题

1. 汽车制造供应链有哪些特征?管理的难点在哪里?
2. 中通快递是如何为一汽富晟提供物流服务的?
3. 中通快递打造的制造业服务样本具有哪些优势?

案例 14　德邦公司精准物流服务理念

案例涉及的基本知识点

1. 精准物流,是指在原有物流基础上,在运输方面精准把控货物从下单、运输等流程中的每一个细小环节,确保货物 100% 安全到达;在时效方面通过标准化的作业,运输过程的实时监控,保证在承诺时间内准时到达。

2. 精准卡航,是指在卡车运输基础上的一项精品服务,改善了普通卡车服务的不足,提升了普通卡车运输的运输效率和品质,能满足时效性和安全性要求高、追求优质服务的客户。

一、案例背景

伴随着世界经济全球化、市场化、信息化的大潮流,国内物流业蓬勃发展,第三方物流企业要在激烈的市场环境中处于不败之地,需逐步提升客户服务理念,让服务营销理念与公司的发展相互融合,相得益彰。德邦物流股份有限公司创始于 1996 年,主营国内公路零担运输业务,是国家 5A 级物流企业。2018 年,德邦物流在上海证券交易所挂牌上市。历经市场日新月异变化,德邦物流作为"大件快递的领导者"与无数商业伙伴并肩作战,共同成长。今天,德邦物流已成为一家联动快递、物流、跨境、仓储与供应链的综合性物流供应商。

作为国内规模最大的民营公路零担运输企业,德邦物流始终坚持自建营业网点、自购进口车辆,并通过搭建最优线路、优化运力成本等举措来打造更优化的运输网络和标准化体系,为客户提供快速高效、便捷及时、安全可靠的服务体验,努力将德邦物流打造成为国人首选的物流运营商,实现"为中国提速"的使命。

二、问题提出

尽管德邦物流在我国的第三方物流企业中属于发展得比较好的,但是企业仍存在一些客户服务方面的问题,阻碍着企业的快速发展。

1. 客户关系管理不够完善

对于有些客户资料的收集,还停留在客户填写的托运单上,缺少对真实客户信息的完整记录;没有对客户价值进行评估,对公司潜在客户的挖掘不够;缺乏对客户的回访和有效沟通。

2. 客户服务内容不够丰富

服务品种不多，增值服务薄弱，缺少综合性物流服务。

三、具体措施

要在激烈的市场竞争中占有一席之地，德邦物流意识到需要转变经营服务理念，致力做客户的优秀物流服务商。德邦物流针对中高端客户推出精准卡航业务，该业务属于公路快运的一种精准物流服务，运输的物资主要是企业的生产资料和产成品，对货物运输的安全性、时效性和服务质量都有较高要求。精准卡航采用进口沃尔沃/斯堪尼亚等全封闭厢式快车，通过 GPS 定位、短信、电话、网络等实现全程货物跟踪，以最优的线路，优先配载货物。此外，德邦物流在精准物流服务推行过程中积极探索改善客户服务的措施。

1. 完善客户数据库

通过物流信息系统建立起完善的客户档案，包括客户服务偏好、购买时间、购买频率等一系列内容。

2. 个性化定制服务

根据每位顾客的个性化需求提供相应服务，通过为其提供一对一的定制服务，来培养客户对公司的信任与依赖。

3. 开展顾客接触计划

通过与客户的良好沟通与交流，能够及时发现客户的潜在需求，从而提高客户满意度，建立长期稳定的合作关系。

4. 增加增值服务内容

精准卡航除了为客户提供包括代收货款、保价运输、安全包装等增值服务，还可以免费提供快递包装、打印运单的服务，免费提供全天候收货和发货窗口等。

四、结束语

精准物流的推行要求德邦物流公司不断增强员工的服务意识，做到想顾客所想，予顾客所需。未来，德邦物流将继续秉承"承载信任、助力成功"的服务理念，不断为客户提供优质、高效的物流服务，实现企业更快、更好发展。

思 考 题

1. 德邦物流公司是怎样提升客户服务水平的？
2. 德邦物流公司的物流服务理念给同行企业什么启示？

第七章　决策管理

物流决策就是从战略的角度,整合企业的所有资源,采用合理的物流模式,以降低成本、提高顾客服务水平。随着社会专业化分工的不断深入和细化,越来越多的企业将主要资源和精力集中在自己的核心业务,而将非核心业务以外包的形式交给专业公司去做。物流业务自营还是外包是一个非常复杂的决策问题,需要综合考虑企业自身的战略、所处的竞争环境、企业经济状况、外包风险等多方面因素。

案例 15　联合利华的物流外包上海友谊的决策

案例涉及的基本知识点

1. 外包,是指企业动态地配置自身和其他企业的功能和服务,并利用企业外部的资源为企业内部的生产和经营服务。

2. 合作伙伴关系,是指人与人之间或企业与企业之间达成的最高层次的合作关系,它是指在相互信任的基础上,双方为了实现共同的目标而建立的共担风险、共享利益的长期合作关系。

一、案例背景

联合利华集团是全球第二大消费用品制造商,主要从事食品及洗剂用品经营,其在全球 75 个国家和地区设有庞大事业网络,拥有 500 家子公司,员工总数近 30 万人,年营业额超过 400 亿美元,是全世界盈利能力最强的公司之一。联合利华进入中国后,希望遵循国际上的运作模式,摒弃物流这一繁杂环节,将主要精力放在新产品的开发和销售上,因此,对于这样一个实物量很大、本身又实施零库存作业方式的制造商来讲,选择一个可靠、高效的物流服务商显得非常重要。

上海友谊集团物流有限公司是由原上海商业储运公司分离、改制而来,主要物流基地地处杨浦区复兴岛,自 20 世纪 90 年代初便为国际知名日用消费品公司——联合利华有限公司提供专业的物流服务,并与其建立了良好的物流合作伙伴关系。

二、问题提出

联合利华生产出来的产品,下了生产线以后全部外包给上海友谊物流集团公司做,包括储运、盘点、货物的流通加工(如消毒、清洁、礼品和促销包装、贴标签、热塑封口等)。联合利华就可以集中精力来做新产品开发、扩大市场网络等工作。友谊物流是如何完成联合利华外包业务并与其保持紧密合作的呢?

三、具体措施

友谊物流秉承"顾客的需求就是工作的出发点,顾客的满意就是工作的终结点"的服务理念,为联合利华提供24小时发货信息的联网服务,对方随时可以上网查询货物现在所在的地点,并且友谊物流公司还与联合利华休息时间一致,保持全天候储运。

友谊物流每年与联合利华签订一次合同,对双方的职责、权利、义务作明确的约定,同时双方缔结合作伙伴关系的一个明显特征是,联合利华负责物流的有关人员与友谊物流人员联合在现场办公,共同处理日常事务,并及时掌握上海总库与全国12个城市中转库的信息,协调好整个物流的各个环节,确保货畅其流,提高服务质量。

除了为客户改变作业时间,友谊物流根据不同商品、流向、需求对象为联合利华更改作业方式,实现了最快速的产品入库。友谊物流还根据联合利华产品的特性及时间要求将储备库与配销库分离,并对仓库进行了重新布局,更好地为联合利华提供尽可能多的个性化增值服务。

此外,友谊物流为了降低运输的成本,采用了一种类似公交车的方式,用户可以随时装货和卸货,这样可以降低整个物流成本。这种公交车方式能够提高满载率,按照客户的分布对物流的路线进行策划。

四、结束语

高效、可靠的个性化物流服务能给企业运作带来强有力的支持,并使客户在竞争市场中具有不可模仿的优势,这也是友谊物流能够与联合利华合作成功的主要原因。

思 考 题

1. 物流服务商应具备哪些基本条件?
2. 选择物流服务商时要考虑哪些主要因素?

案例 16 冠生园集团物流外包

案例涉及的基本知识点

门到门运输,是指货物从发货人仓库(发货点)直接运到收货人仓库(收货点)的运输方式。

▶ 一、案例背景

冠生园集团(以下简称"冠生园")是国内唯一一家拥有"冠生园""大白兔"两个中国驰名商标的老字号食品企业。冠生园共生产2 000多个品种的产品,拥有近100辆货运车辆用于承担上海市3 000多家大小超市和门店的配送及北京、深圳与太原等地的长途运输。冠生园在全国各大省(区、市)建立了20多个销售中心,形成了2 000余个销售网点,与100多家国内外经销商建立了长期业务往来关系,并在五十多个国家和地区注册了商标。

▶ 二、问题提出

冠生园在上海市拥有3 000多家网点并经营市外运输,物流管理是其十分重要的一项工作内容。作为老字号食品企业的冠生园,产品品种规格多、市场辐射面大,靠自己配送运输成本高、浪费大。实际经营过程中出现了"淡季运力放空、旺季忙不过来"的现象,而且每年维持车队运营的费用高达上百万元。

物流是一个需要先进技术作为支撑的服务行业,在大批量包装品运输到全国不同地区的过程中,需要消耗大量人力、物力和财力。因此,对冠生园的物流运输模式进行改革迫在眉睫。

▶ 三、具体措施

1. 实施物流外包策略

冠生园下属合资企业达能公司率先将产品配送、运输全部外包,发现不仅配送准时准点,而且费用要节省许多,为此,集团销售部决定推广达能的做法,最终委托上海虹鑫物流有限公司(以下简称"虹鑫物流")作为第三方物流机构为其提供集约化配送服务。

虹鑫物流每天一早输入冠生园相关的配送数据后,制定出货最佳搭配装车作业图,随后安排准时而合理的车流路线,通过采用门到门配送方式,大大缩短了配送时间。虹鑫物流针对冠生园产品运输路线和装车作业进行了完整规划,据统计,冠生园集团自物流外包以来,产品的流通速度明显加快,运输时间大大缩减,运行5个月就节省了40万元的费用。

作为冠生园的物流外包合作伙伴,虹鑫物流功能全面,而且附加价值高。附加价值提升体现在产品的包装上,更重要的是体现在对顾客服务水平的提高上。在企业选择物流外包之后,其总体成本较之前下降15%左右,销售额上涨18%左右,由于配送及时周到、保质保量,商品流通加快,使冠生园的销售额和利润有了较大增长。

此外,双方在合同中规定,若遇到货物损坏,虹鑫物流按规定赔偿。有一次,整整一车糖果在运往河北途中翻入河中,虹鑫物流立即掏出5万元将掉入河中损耗的糖果全部"买下"作为赔偿。

2. 聚焦核心业务

冠生园作为一家食品企业,产品的多样复杂性导致企业在产品包装和运输上会消耗本属于产品生产的资源,影响产品的研发速度与质量。物流外包后冠生园在产品生产上注入更多资源,并将节约的资金投入到开发新品与改进包装上,使企业又上一个新台阶。冠生园把不成熟的业务,如产品包装和运输交由第三方专业公司运营,促使冠生园的物流业务得到更完全的资源,获得更好的发展,从而避免一些不必要的浪费,提高企业收益。

3. 完善产品数据

冠生园通过第三方物流公司对于企业产品的全面解析,得到一系列科学周期与产品成本。冠生园根据这些数据进行精细计算,一方面实现了产品信息的及时更新,另一方面也可以加快产品库存流动速度,降低存货成本。

4. 建立信息化平台

冠生园与物流外包商虹鑫物流建立了信息共享机制,畅通双方沟通的渠道,便于出现问题及时解决。由于虹鑫物流掌握了冠生园的渠道库存信息,可以及时进行商品运输,提高了商品的配送效率;冠生园通过对供应链业务的数字化,强化对虹鑫物流的业务管理。通过集中管理平台,冠生园的管理人员可以随时查询所需要的数据,提高监管力度,加强企业对物流业务的监督能力,为物流外包商的绩效考核提供基础数据。

四、结束语

当今企业之间的竞争实际上是供应链之间的竞争,产品质量越好、成本越低、物流效率越高的企业越能更快赢得市场。因此,物流外包通过充分利用外部资源,成为当今增强企业核心竞争力的一个有效的举措。

思 考 题

1. 冠生园物流自营存在哪些问题?
2. 物流外包给冠生园带来哪些利益?
3. 通过案例我们可以得到什么启示?

第八章 信息管理

物流信息管理是指运用计划、组织、指挥、协调、控制等基本职能对物流信息资源进行统一规划和组织,并对物流信息的收集、加工、存储、检索、传递和应用的全过程进行合理控制,从而使物流供应链各环节协调一致,实现信息共享和互动,减少信息冗余和错误,辅助决策支持,改善客户关系,最终实现信息流、资金流、商流、物流的高度统一,达到提高物流供应链竞争力的目的。

案例 17　信息实现中海价值

案例涉及的基本知识点

1. 电子数据交换(electronic data interchange,EDI),是指按照同一规定的一套通用标准格式,将标准的经济信息通过通信网络在贸易伙伴的电子计算机系统之间进行数据交换和自动处理。由于使用 EDI 能有效地减少直到最终消除贸易过程中的纸面单证,因而 EDI 也被俗称为"无纸交易"。

2. 地理信息系统(geographic information system,GIS),是指以地理空间数据库为基础,在计算机软硬件的支持下,运用系统工程和信息科学的理论,科学管理和综合分析具有空间内涵的地理数据,以提供管理、决策等所需信息的技术系统。

▶ 一、案例背景

随着信息网络的不断扩大延伸,物流信息化也对物流企业起着举足轻重的作用。它是提升企业核心竞争力的关键因素,对于缩短订货提前期,降低库存水平,提高搬运和运输效率,减少递送时间,提高订货、发货精度和物流企业整体竞争力都有重大意义。物流信息技术如 EDI 技术、条形码技术、GIS 技术等开始广泛应用于物流服务当中。

中海集团物流有限公司(简称中海物流)是中国海运(集团)总公司直属的专业从事综合物流的国有大型企业,是我国大型综合物流企业之一。中海物流成立于 1998 年 3 月,注册资金 57 080 万元人民币,总部位于上海。在全国设有北方、华北、山东、华东、福建、华南、海南和中西部八大区域公司,近 80 个服务网点覆盖国内主要大中城市,提供完善优质的仓储服务和集疏运服务。

二、问题提出

中海物流的公司分布区域广,服务网点多,必须做到业务流程的有效衔接,保证业务活动的顺利开展,这些对于中海的信息系统设计是个较大的考验。

三、具体措施

中海集团物流信息系统的第一个特点是实行高效的网络化管理。借助于电子管理信息平台,通过数据交换系统及互联网技术将公司总部与全国八大区域公司管理总部、各中心所属的配送中心以及各网点营运中心联结成一个高效的物流信息管理网络,便于公司内部统一管理,所有的业务活动都是以总部为中心来指挥统筹的,形成"一个心脏跳动"模式。

中海集团物流信息系统另一个特点是能通过第三方物流信息系统成熟地支持多用户。针对客户的业务特点,在与不同客户的系统接口中,设置不同委托人的不同参数,进行多委托人的数据交换互动,通过这个系统中海物流可以实现不同客户数据的平滑过渡。中海物流在信息化进程中的创新与改进都是紧紧围绕着以上特点展开的。

现在整个中海物流采用的是三级管理模式:总部管片区,片区管口岸。总部代表集团负责领导、管理、计划、协调中海的物流业务;片区公司在总部的领导和管理下,经营各所属片区的配送业务、仓储业务、车队业务、揽货业务等;口岸公司在片区公司的管理下,进行揽货、配送的具体业务操作,并负责业务数据采集。这样一套完整和庞大的业务流程,必须有一个功能完善、设备齐全的信息系统来作支撑。而中海物流与招商迪辰公司合作,在全国范围内应用一套企业级集成的系统,能实现信息的共享与交换,并保持数据的一致。该系统的核心就是以市场需求为驱动,以计划调度为核心,使物流各环节协同运作。它需要集成管理企业的计划、指标、报表、结算等,可层层细化与监控,并有统一的企业单证、报表、台账格式,而且有良好的扩展性和开放结构。

同时更为关键的是,系统建成后应当是一套面向订单流的信息系统,从接受客户委托开始,到订单管理、围绕订单制定物流方案、落实相关运力或仓储等物流资源、调度直至物流作业、质量监控等环节,都要有一个平滑共享的信息流。

系统应用效果很快得以体现,在对海信的服务中,海信所有的客户需求,发送到当地销售公司,再到总部销售中心,转到总部物流部,接着再到物流中心,继而转至操作点,整个过程可以说是全部无纸化,实现无缝连接(图8-1)。中海给海信的承诺是2小时,但实际上最快只需几分钟。

中海一直在完善自己的物流信息系统以此来更好地为客户服务,其中,仓储管理系统(warehouse management system,WMS),主要为现代物流仓储和配送业务提供全程服务;运输管理系统(transportation management system,TMS),支持各种运输方式(海运、铁路、空运、公路、集卡运输)进行单一的或者多种运输方式的单程或多程的运输

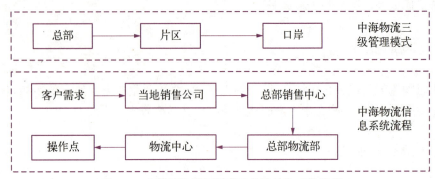

图 8-1　中海物流管理模式和物流信息系统流程

综合服务的软件;全球定位系统(global positioning system,GPS),由该系统建立的GPS车辆监控管理服务平台是一个基于互联网的,适用于各区域公司的车辆跟踪、车辆管理、车辆调度等业务的应用软件平台;电子商务(electronic commerce,EC)系统,该EC系统面向客户建立了一个统一的电子商务平台,实现网上下单、网上跟踪、网上报价、网上对账等主体功能。

四、结束语

一个完善的物流信息化系统可以为企业带来巨大的经济利润,也能极大地提升企业在同行之间的竞争力。物流信息化系统的建设是每个企业都应该重视和努力的方向,企业要对信息系统不断地改进与创新,充分发挥它的作用。

思 考 题

1. 在物流信息化的进程中,我国物流企业普遍会遇到一些什么问题?
2. 通过对中海物流的信息化进程的描述得到什么启示?

案例 18　信息系统助力"花王"夺冠

案例涉及的基本知识点

1. 物流信息系统（logistics information system，LIS），是指由人员、设备和程序组成的，为物流管理者执行计划、实施、控制等职能提供信息的交互系统，它与物流作业系统一样都是物流系统的子系统。

2. 电子数据交换（electronic data interchange，EDI），是指按照同一规定的一套通用标准格式，将标准的经济信息通过通信网络在贸易伙伴的电子计算机系统之间进行数据交换和自动处理。由于使用 EDI 能有效地减少直到最终消除贸易过程中的纸面单证，因而 EDI 也被俗称为"无纸交易"。

一、案例背景

花王是日本知名的日用品品牌。花王株式会社成立于 1887 年，花王前身是西洋杂货店"长濑商店"（花王石碱），主要销售美国产化妆香皂以及日本国产香皂和进口文具等，目前花王产品涉及化妆品等 600 多种，大都是高分子化学品。主要产品有洁肤护理用品、底妆用品、身体护理用品、美发护理用品、家庭清洁用品、卫生用品、蒸汽眼罩等。其在中国的品牌有"碧柔""乐而雅""诗芬""洁霸""魔术灵""花王""苏菲娜"。

花王虽然是一家百年老店，但十分注重信息技术的运用，在其 6 000 多名职工中，研究开发人员比例高达 28.3%，仅软件开发部就有 200 多个系统分析师和程序设计师。在 20 世纪 80 年代初就已经开始建立办公自动化和电子信息系统，1984 年导入了增值网，包括向日本情报服务（JAIS）通信公司租用的"贩社增值网"（Hansha VAN）和向日本电信电话公社（NTT）租用的"电子订货系统"（EOS）。

二、问题提出

在企业沉浮无常的日本，像花王这样能持续保持发展状态的企业实在是凤毛麟角，究竟是什么造就了花王如此的经营业绩？其中的奥妙之一就在于它构筑了一个基于互联网的，从原材料调达经生产和销售到零售店铺的物流管理的一整套完善的信息系统，这些系统使花王的产品能有效被市场所接受，同时大大提高了其竞争力。那么具体来看，花王公司是如何通过信息系统的建立，为其市场扩张和业务增长奠定基础的呢？

三、具体措施

1. 搭建 B2B 和 B2C 共同销售平台

花王公司面对客户销售采用了 B2B 和 B2C 的模式共同完成。B2B 是基于互联网的企业对企业的销售,即花王公司直接面对零售店的销售,零售店的 POS 系统自动将销售数据实时传送到花王总部,并定时完成网上订货业务;B2C 是基于互联网的企业对个人的销售,即花王公司直接面对个人的销售,消费者在网上浏览、选购产品并形成网上订单,花王总部及时处理订单并形成配送计划,借助于该系统花王同时也可完成新产品推介及售后服务等活动。B2B 与 B2C 实施使花王顺利加入了日本的日用品产业共同价值增值网。为了使这两种模式能够同时顺利开展,花王采用了基于浏览器/服务器的 B2B 及 B2C 共同销售平台,使两种模式的销售得以合并。通过平台进行的订单业务共涉及花王总部、销售公司、零售商和个人消费者四个层次,零售商和个人消费者作为信息的发送者,能不受时间、地点的限制,以基于电子商务的形式完成采购和支付行动。共同销售平台的搭建为零售商和个人消费者创造了便利,同时也提高了企业的订单处理和响应效率,降低了企业的销售成本。

2. 量身定制开放环境下的物流信息系统

物流信息系统的形成是花王公司实现现代化物流管理的关键要素和核心,该系统的运行使花王公司的物流管理在日本享有较高的声誉。花王公司的物流信息系统(LIS)主要由三部分组成,即销售计划系统、在线供应系统和生产数量管理系统。花王 LIS 的特点是工厂到销售公司的物流不是根据销售公司的订货来进行,而是由花王公司的计算机系统来自行判断库存情况,并进行连续补货。要达到由计算机自动控制和管理,其先决条件首先是能够进行高精度的销售预测,其次是对销售公司的日常管理和动态控制。

高精度的销售预测是指借助先进的数据库,数据库实行 24 小时同步更新,保证数据分析的真实可靠。通过联合预测补货系统(collaborative forecast and replenishment,CFAR),实现零售企业的相关负责人与生产企业的相关负责人就某种产品进行各种数据的交换,该流程是将这些数据放置在电子揭示板上,双方共同对这些数据进行分析,最后形成一致的商品生产和销售预测的决策,并以此为基础进一步制定商品生产、销售、规划、库存和物流等计划。

对销售公司日常管理和动态控制是借助销售时点数据系统(point of sale,POS),POS 包含前台 POS 系统和后台管理信息系统(management information system,MIS)两大部分。在零售店完善前台 POS 系统建立的同时,后台的管理信息系统也同时建立,在商品销售过程中的任一时刻,商品的经营决策者都可以通过 MIS 了解和掌握 POS 系统的经营情况,实现了零售店库存商品的动态管理。

3. 实时数据共享管控共同配送

在日本经济进入高速成长期、日用消费品的需求大幅增长的背景下,花王及其代理店和批发商共同出资建立了面向超市的共同销售公司,该共同销售公司同时承担所有的配送任务。共同销售公司的建立改变了以往由多家批发商分别向各个便利店送货的方式,改由一家在一定区域内的销售公司或特定批发商统一管理该区域内的同类供应商,然后向零售商统一配货,即集约化配送,集约化配送中心由共同销售公司统一管理。同时,共同销售公司的统一配送管理和销售信息的及时更新得益于连接互联网的电脑网络配送系统实时信息共享的实施,实现配送中心对零售店铺的有效管理。

后来,为了进一步实现商流和物流的专业化管理,提高运营效率,花王建立起物流中心,将物流管理从销售公司中独立出来,彻底实现商流与物流的分离,由专业物流人员负责物流管理,便于提高物流服务水准,降低物流成本,此次活动也被称为 TCR(total creative revolution)。经过分离和各自整合后,销售公司在供应链中专职于物品管理,并对店铺辅以支持和指导,销售人员用便携式终端向公司传送店铺的订货信息,同时利用电子商务自动订货系统 EOS 将通信网络(VAN 或互联网)和终端设备以在线连接方式进行订货作业和订货信息交换;物流公司秉承了供应链管理理念,积极推行共同配送,充分利用已有的物流体系,不仅为同产业的其他日用品服务,也为不同产业如食品等提供物流配送。

4. 以 EDI 系统打通信息流通网络

花王公司与杰斯克合作,共同推动 EDI 系统的建立。EDI 系统是使生产企业与零售企业可以共享销售绩效信息和商品在库信息,并进行自动订货的信息系统,该业务使订货、进货、支付账款请求、电子支付等业务实现了无纸化,同时优化了业务流程,节约了成本和时间。在此基础上,花王还进一步利用 EDI 系统推动供应链管理的全面形成和发展。目前,该系统囊括的企业除了零售企业外,还包括合作生产企业、批发企业、专业物流企业、金融企业等许多企业。随着供应链的不断发展和系统的深入推进,也形成了三个子系统,如图 8-2 所示。

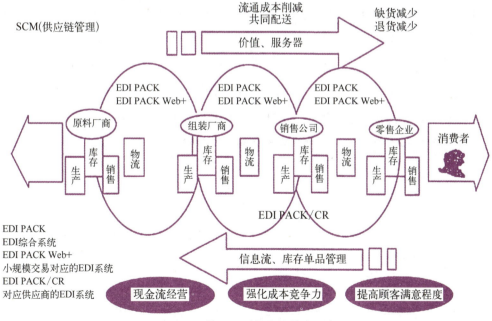

图 8-2 花王 EDI 供应链管理系统

子系统之一是综合供应链管理机能的 EDI PACK 系统。EDI PACK 是花王公司经过 20 多年在与 2 000 多家企业共同推进 EDI 经验基础上发展而成的综合 EDI 系统，该系统使花王与制造业、运输业、金融业、服务业、商社、批发业及零售业的信息以标准化格式进行传输和共享，该系统为花王的 B2B 交易提供了便利、实时的手段。子系统之二是专门适应小规模交易对象的 EDI PACK Web+。该系统是通过 FAX 和电话等手段与小规模合作企业实现 EDI 连接，这些小规模合作企业只要利用互联网就可以与花王公司进行信息互通，便于花王对中小企业的管理。子系统之三是对应零售商的综合供应管理系统 EDI PACK/CR(co-working with retailers)。该系统是花王公司与 1 800 家零售企业在结成稳定交易关系的基础上形成的一种供货系统，该系统囊括了从订货到结算的全过程各种业务功能，使供货方与零售企业之间的诸如订货、进货、出货、结算等的烦琐流程电子化。

5. 消费者意见数据库

针对消费者，花王公司开发了最具特色的竞争情报系统——消费者意见数据库(ECHO)，意为"消费者有用意见的反馈"，其功能是与消费者交谈，了解各种意见，与消费者进行信息交流并从消费者的立场出发开展情报调查研究。花王公司开发的这个消费者数据库系统，从根本上解决了消费者意见零星分散和结构复杂的问题，能够实时了解消费者的意见，并及时做出决策，使消费者的意见和呼声真正成为可以使用的情报，成为市场竞争的有力武器。

四、结束语

在今天的信息高速发展的时代，信息的闭塞必然会阻止前进的脚步。面对这样的时代，经过几十年的不断改进，花王利用各项信息技术对供应链进行网络化和信息化的管理，在信息系统的支持下，花王实现了销售公司和物流中心的现代化建设，提高了供应链整体的运行效率，使花王的产销物一体化管理迈上了供应链级别的水平。

思 考 题

1. 花王是如何建设信息系统以支持其业务发展和市场的扩张的？
2. 试分析花王的信息系统为其发展带来了怎样的优势。

第三部分 供应链管理篇

- 第九章 供应链管理
- 第十章 合作伙伴关系管理

第九章　供应链管理

供应链至今尚无一个公认的定义,在供应链管理的发展过程中,许多专家和学者提出了大量的定义,反映了不同的时代背景,是不同发展阶段的产物,根据这些定义可以看出供应链的发展经历了三个阶段:① 早期的观点认为供应链是制造企业中的一个内部过程;② 后来供应链的概念注意了与其他企业的联系;③ 现在供应链的概念更加注重围绕核心企业的网链关系,如核心企业与供应商、供应商的供应商乃至与一切前向的关系,与用户、用户的用户及一切后向的关系。供应链管理就是指在满足一定的客户服务水平的条件下,为了使整个供应链系统成本达到最小而把供应商、制造商、仓库、配送中心和渠道商等有效地组织在一起来进行的产品制造、转运、分销及销售的管理方法。供应链管理包括计划、采购、制造、配送、退货五大基本内容。

案例 19　杭州网营科技 QR 供应链管理战略

案例涉及的基本知识点

快速响应(quick response,QR),是指供应链成员企业之间建立战略合作伙伴关系,利用 EDI 等信息技术进行信息交换与信息共享,用高频率小数量配送方式补充商品,以缩短交货周期,减少中间环节,提高顾客服务水平和企业竞争力的一种供应链管理策略。

一、案例背景

要成功地实施供应链管理,使供应链真正成为有竞争力的武器,就要抛弃传统的管理思想,把企业内部以及节点企业之间的各种业务看作一个整体功能过程,形成集成化供应链管理体系。通过信息技术和管理,将企业生产经营过程中有关的人、技术、经营管理三要素有机地集成并优化运行,通过对生产经营过程的物料流、管理过程的信息流和决策过程的决策流进行有效的控制和协调,将企业内部的供应链与企业外部的供应链有机地集成起来进行管理,达到全局动态最优目标,以适应新的竞争环境下市场对生产和管理过程提出的高质量、高柔性和低成本的要求。

杭州网营科技有限公司(以下简称杭州网营科技)成立于2009年,是一家专门为品牌客户提供一站式电子商务解决方案的网络营运服务公司。公司致力于帮助企业建立独立的电子商务体系、打通电子商务销售链条、完善电子商务销售渠道、提升品牌客户价值。目前杭州网营科技主要服务如立邦漆、大王纸尿裤、香港莎莎、热风服饰、海澜之家、十月妈咪、大益、美的、猫人内衣等累计超过150个国内外知名品牌。公司的主要服务是电子商务品牌策略和推广、电子商务平台建设与系统化运营以及必要的电子商务物流支持等。

二、问题提出

作为一家电子商务代运营公司,杭州网营科技在公平竞争中进行资产重组、资源共享和业务合作,逐渐实现电子商务采购、销售和管理的协调工作。只有不断整合内部和社会资源,利用先进的管理理念和技术装备,加强与供应商、销售商等的紧密合作,形成互动、共赢的供应链协同关系,才能防范日益加剧的市场风险,实现满足顾客需求的快速响应,在激烈的竞争中生存和发展。

三、具体措施

为尽可能地利用供应链的现有资源,集中资源优势赢得市场机遇,杭州网营科技需要整合供应链上各个节点,建立统一的供应链管理目标和互惠互利、互相提供便利的电子商务物流配送的协作模式,将供应链上的物流资源、物流设施设备、信息资源充分共享,建立协同化的供应链管理战略(图9-1)。协同化供应链是电子商务企业供应链管理战略的最佳选择,其有效运用可以达到降低电子商务企业成本、优化库存结构、减少资金占压、缩短生产周期的效果。

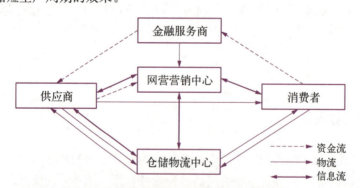

图9-1 杭州网营科技电子商务供应链管理战略

以供应链战略为纽带进行的企业联盟的协同化供应链形式,是实现QR的一种重要手段,也是电子商务企业未来组织形态发展的趋势。要实现企业电子商务系统与内部集成化信息系统在伙伴企业之间的纵向信息集成,需要开放式的集成化信息系统和供应链管理模式,以提高企业的电子商务信息自动化水平和供应链各节点企业的协同运作能力。

为更好地推进 QR 供应链管理，杭州网营科技建设了集物流业务节点信息发布、查询，全透明的单证传输和货物跟踪，统一的传输数据标准于一体的 QR 供应链管理平台，为公司发展电子商务提供全面化电子信息交流，降低流通成本的同时提高反应时效。

四、结束语

QR 供应链管理已经成为电子商务实现竞争优势的有力工具。通过这一方法，电子商务供应链上各企业为客户提供了更好的服务，同时也减少了整个供应链上的非增值成本。QR 作为一种供应链管理方法，必将向其更高的阶段发展，必将为供应链上各贸易伙伴带来更大的价值。

思 考 题

1. 杭州网营科技在供应链管理方面有哪些举措？
2. 要实现 QR 供应链管理需要哪些条件？

案例 20　李宁供应链协同发展

> **案例涉及的基本知识点**
>
> 协同式供应链管理(collaborative planning forecasting and replenishment, CPFR)，要求供应链中各节点企业为了提高供应链的整体竞争力而进行彼此协调和共同努力。各节点企业通过公司协议或联合组织等方式结成一种网络式联合体，在这一协同网络中，供应商、制造商、分销商和客户可动态地共享信息，紧密协作，向着共同的目标发展。

▶ 一、案例背景

李宁公司由国家级体操运动员李宁于1990年在广东省三水市(2002年撤市改为佛山市三水区)创立，经过多年的发展，已成为国内外知名的体育用品公司，除自有核心李宁公司品牌(LI-NING)外，还拥有乐途、艾高、红双喜等众多品牌。随着2008年李宁在北京奥运会点燃圣火，李宁公司借奥运之势，引发市场对其产品的疯狂追捧。2008年李宁公司开启线上渠道，当时李宁公司在淘宝电商平台上建立了第一家直营线上店铺，同年公司总收入超过67亿元。受全新的品牌定位影响，2011年李宁公司销售收入同比减少5%，2012年李宁公司首次出现了亏损，同年李宁公司开启"渠道复兴计划"，旨在回收渠道成员的积压库存，提升新品率，重新激发渠道活力。但受互联网的冲击，许多渠道成员在李宁公司回购积压库存之后纷纷离开，至2014年的三年内李宁公司共计亏损31.9亿元，门店缩减2 000余家。2014年李宁再次掌管公司运营，确定互联网加运动生活体验的战略目标，借助互联网的线上渠道，李宁公司首次在2015年扭亏为盈，截至2015年12月31日，李宁公司销售额首次回升至70.89亿元，比上年提升17%。2020年，李宁公司销售收入144.57亿元，同比增速为4.2%，高库存积压依然是企业存在的明显问题。

▶ 二、问题提出

1. 消费需求信息不准确

李宁公司的牛鞭效应明显，消费需求被放大，导致库存的积压。同时对市场的销售情况预测不准确也带来产品销售难问题。

(1) 整体运营模式问题。除了线上销售，李宁还采取"大批发加特许经营"的运营模式,这种模式容易放大需求预测失误,容易造成牛鞭效应。在"厂商—经销商—零售商—顾客"这一销售过程中,客户端市场需求的微小变化会带来产量的巨大变动。在订货方式上,每年李宁公司大部分品类都会举行4次订货会,每次大概提前6个月下订单。这种"订货会"模式,没有满足消费者的需求,无法做到以销量产。

(2) 订货周期长,市场信息容易过时。李宁公司每季产品的生产计划周期大概在20个月(图9-2),与供应商联系不够紧密。这对于服装这个周期短更新快的行业来说是个致命伤。虽然李宁公司是运动品牌,但是目前更多消费者不仅关注产品的质量,更要求产品的样式。李宁的生产周期太长,导致李宁的品牌样式新颖性远远落后于其他品牌。

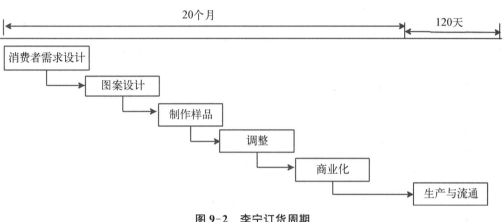

图9-2 李宁订货周期

2. 存货积压

存货周转率是企业一定时期销货成本与平均存货余额的比率,用于反映存货的周转速度。李宁公司在2018—2020年的存货周转率(表9-1),最高时是国内服装企业如雅戈尔(周转率可达0.23)的15倍,极大地占用了流动资金,积压库存,造成仓储成本上升。且对于季节性、时效性强的服装行业来说,库存的积压就意味着产品的过时、淘汰。

表9-1 李宁公司2018—2020年存货周转率

	2018年	2019年	2020年
存货占总资产比率(%)	14.2	11.2	9.2
存货周准率(%)	3.50	2.98	3.47

李宁公司高位存货的构成主要是库存产品和过时库存,造成库存积压涉及该公司管理的诸多问题。

(1) 消费需求定位模糊。对客户把握不充分,导致消费需求定位模糊。李宁"品牌重塑"之后,将产品的主要消费群体由"70后""80后"转为"90后",从而导致"70后""80后"客户忠诚度下降。而定位于"90后"的新产品在提价7%—17%进行铺货时,受市场产品同质化影响,销量迅速下滑,大量的"70后""80后"产品和高价的"90后"产品成为库存产品。

（2）线上线下不协同。李宁将线下一级经销商、二级经销商的大量库存进行回购，再利用线上的折扣店进行大甩卖，看似可以解决线下大量库存，却因为线上低价折扣策略而吸引消费者，引起线下销售的降低，导致库存的积压。而线上线下消费利润的不同，进一步让公司投入更多的资金进行线上宣传，导致线上线下销售差距进一步拉大。李宁公司在销售阶段，不仅设有直营店，还设有加盟店，并且兼有线上销售。这种混乱的销售模式，使得李宁公司供应链的发展中各个销售商之间因利益冲突存在内讧。李宁的线上销售价格远远低于其线下价格，这极大地打击了李宁公司加盟商的积极性，不仅导致李宁公司加盟商效益低下，更为严重的是，导致李宁整个企业营运效率低下，营运混乱。

（3）供应链信息系统不完善。首先，信息系统有待完善。李宁公司为了获得较低的进价，便采用大批量订货的模式向供应商提交订单。其次，供应链交互信息管理运作绩效低下。虽然李宁公司在运营过程中引入了 EDI 和 POS 系统，构建了 ERP 系统，但是信息集成度较低，不利于库存管理与控制。

三、具体措施

1. 协同式供应链管理

相比较 VMI 和 JMI 供应链管理模式，协同式供应链管理（CPFR）通过设立分销网络信息系统和客户情报信息系统来获取相关信息，将客户也包含在整个供应链中，并建立库存管理信息系统对李宁现有库存进行实时监控，将供应商、生产商、分销商、消费者通过信息共享平台结合在一块，实行有效管理。针对李宁库存积压高及消费者需求预测不准确、消费者忠诚度较低的情况，在供应链管理模式上，采取协同式供应链管理，来提高有效产出，降低库存（图 9-3）。

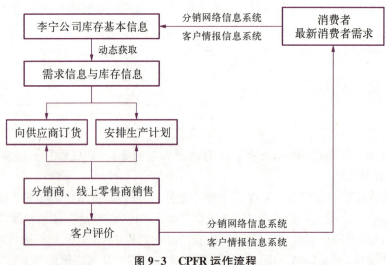

图 9-3 CPFR 运作流程

在具体操作上,需要企业建立相关信息系统,一方面,对库存进行动态的过程监督,建立多个区域性的库存流动体系,缩减生产和库存补给时间,合理控制存货量。另一方面,建立分销网络信息系统及顾客情报系统,可以让企业直接与消费者沟通,及时了解消费者的最新需求,可根据消费者的需求来设计以后年度的服装款式,这样也在一定程度上提高了服装产品需求的预测准确程度,可使企业根据预测的需求来安排生产计划和销售计划,在一定程度上减少因存货积压而导致的资源浪费。

2. 供销商线上线下协同

(1) 线上线下渠道协同。针对李宁公司线上线下销售不平衡问题,一方面需要李宁公司实行价格平衡策略,另一方面需要李宁公司线上渠道和线下渠道组成利益的共同体。即在线上渠道完成订单、销售产品,线下渠道配送产品、完成服务的同时,将线上渠道的门店与线下渠道的门店联系起来,以此实现线上与线下渠道的利益共同体,发挥共赢效应。例如,消费者在线上渠道下单后,不必再等待数天时间接收快递,而是由统一的系统根据消费者所处的地理位置,安排就近的线下门店完成配送,这样既可以节省物流成本,又可以提升配送效率,而节省下来的这部分物流成本和售后服务成本可以分配给完成配送和服务的线下渠道成员。这种线上和线下渠道成员间的利益共享机制的实现可以帮助李宁公司有效提升产品的销售效率,构建线上与线下渠道的良性交易关系。

(2) 线上线下信息互享。李宁公司应该将线上销售平台的信息与线下销售渠道共享。即在线上完成交易的同时,与线下渠道成员交换市场信息、顾客喜好等关键信息,并利用线上渠道的大数据分析,帮助线下渠道成员谋求更精准的营销以及不同渠道体系间成员的共同进步和发展。

(3) 渠道管理和监督体系。线上线下属于不同的体系渠道,为了有效地将线上线下进行协同管理,保障信息共享的落实,需要利用渠道管理和监督体系来有效地监督(图 9-4)。

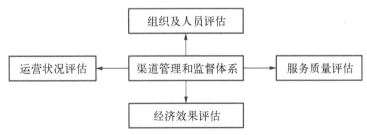

图 9-4 渠道管理和监督体系

渠道管理和监督体系主要由组织及人员评估、运营状况评估、服务质量评估、经济效果评估这四个方面构成。组织及人员评估主要是考察渠道系统中管理人员的专业素养和能力以及考察李宁公司对线上和线下渠道的控制能力;运营状况评估主要是考察线上和线下渠道的任务分配是否合理;服务质量评估主要是考察线下渠道是否配合线上渠道开展相对应的促销策略以及是否在售后服务方面达到既定标准;经济效果评估主要是评估成本和收入。

3. 提升供应商管理水平

供应商伙伴关系的和谐也是公司发展的推动力。李宁公司应该建立严格的筛选标准来选择优秀的供应商,与优秀的供应商建立长期的合作关系,并和供应商之间实现信息的共享,保持同步化的运作。在对供应商管理的过程中,既要防范风险,又要重视对供应商激励机制的建立,使供应商明确自身责任和工作,保证供应链的顺利发展。

四、结束语

李宁通过利用协同式供应链管理模式从消费者中获取准确有效的需求信息,并利用信息系统时时动态管理库存信息,再将库存信息及需求信息共享至供应商及生产商,来有效管理供应链各环节,改变了产品周转率偏低、库存积压的问题。

思 考 题

1. 根据案例试总结李宁公司是如何应用协同式供应链管理的,应用之后使公司产生了哪些变化。

2. 结合本案例,谈谈运动服装行业应如何进行供应链管理。

第十章 合作伙伴关系管理

21世纪企业的竞争是供应链与供应链之间的竞争,如何发挥企业的核心优势,在竞争中取得胜利,供应链合作伙伴关系的协调程度起着决定性作用。合作伙伴关系是人与人之间或企业与企业之间达成的最高层次的合作关系,它是指在相互信任的基础上,双方为了实现共同的目标而建立的共担风险、共享利益的长期合作关系。

案例21 华为与合作伙伴的共赢举措

案例涉及的基本知识点

合作伙伴关系管理,是指为实现与产品和服务供应商、客户等合作伙伴的复杂的收入分成、结算、评估及合作伙伴产品管理等任务和对应目标而进行的计划、组织、协调和控制等活动。

一、案例背景

华为创立于1987年,是全球领先的信息与通信基础设施和智能终端提供商。华为最初专注于制造电话交换机,之后专注于研发、产品生产、经营和数据通信等多项业务,同时面向多个领域提供场景化解决方案,帮助企业实现数字化转型。目前华为约有19.5万名员工,业务遍及全球170多个国家和地区,还在世界各地设立了22个地区部和100多个分支机构,服务全球30多亿人口。

华为秉承"开放合作共赢"的宗旨,携手各行业、各领域的产业和生态伙伴共建和谐健康的全球产业生态,着力在三个维度形成突破:突破认知的局限、突破合作的局限、突破信任的局限,致力于把数字世界带入每个人、每个家庭、每个组织,构建万物互联的智能世界:让无处不在的连接,成为人人平等的权利,成为智能世界的前提和基础;为世界提供多样性算力,让云无处不在,让智能无所不及;所有的行业和组织,因强大的数字平台而变得敏捷、高效、生机勃勃;通过AI重新定义体验,让消费者在家居、出行、办公、影音娱乐、运动健康等全场景获得极致的个性化智慧体验。截至2021年,华为已累计发展了超过300家产业链上下游合作伙伴。

二、问题提出

2011年,华为成立了面向政企客户的企业事业部,到现在已经走过十个年头。在众多伙伴的支持下,2020年华为企业业务的收入历史性地突破了1 000亿元,达到了1 003亿元,交易规模超过1亿元的伙伴已经达到132家。然而,与此同时,华为也面临如何处理与合作伙伴的关系的新问题。如果部分员工为了完成业绩指标,违反规则,破坏秩序,导致伙伴利益受损,华为该如何有效管控?华为成立军团、商业业务组织后,相应的业务策略发生变化,伙伴需如何应对?华为架构的变动必然会增加员工的流动性,怎样确保与伙伴的高效沟通以及人员的专业性?这些问题的存在都对华为变革现有合作伙伴体系,打造真正的能力型伙伴体系提出了新的要求。

三、具体措施

华为伙伴生态(图10-1)由销售伙伴、解决方案伙伴、服务伙伴、投融资运营伙伴、人才联盟、社会伙伴和产业伙伴等七类合作伙伴组成,截至2019年底,华为已拥有超过2.2万家销售伙伴、超过1 200家解决方案伙伴、超过4 200家服务伙伴、超过1 000家人才联盟以及超过80家投融资运营伙伴。

图10-1 华为伙伴生态

针对这七大类合作伙伴,华为进一步拓展深耕生态,加大了支持和使能力度,采取了一系列措施来实现华为和合作伙伴的共同发展。

1. 建立有效的内部监督和考核机制

为了有效监督内部人员与外部伙伴的合作行为,华为强化了内部控制,对压库、违反伙伴选择规则等行为严肃处理。同时,华为还邀请合作伙伴进行监督,增设VOP@huawei.com邮箱,定位为合作伙伴专属、信息可以直达华为高层的沟通平台,实施监控和反馈合作中的问题。除此之外,华为还设立了考核牵引机制,从地区的政企总裁到地市的商业销售经理,每个员工的考核指标中都包含了伙伴满意度,并且适当降低了销售指标权重,提高了合作伙伴满意度权重,推动员工在短期绩效和长期生态发展之间达成平衡。

2. 让合作伙伴实现盈利

2019年后,华为就已经取消了销售返点的门槛,对合作伙伴赚取的每一美元进行奖励。2020年,华为继续保持合作伙伴激励框架整体的稳定性,并扩大适用于独立软件奖励的产品范围,提供包括但不限于:基础返点、能力返点、战略项目运作(business incentive program,BIP)等多样化渠道专项激励,让合作伙伴有动力挑战更高的目标。

3. 简化合作伙伴政策和业务流程

华为通过对合作伙伴相关政策和业务流程的持续简化，让合作伙伴政策易于理解、执行、记忆且传播，让合作伙伴与华为的合作更简单。2020年，华为发布合作伙伴激励产品清单，以提高政策透明度，使合作伙伴的激励可预测。比如，将允许合作伙伴自行申请市场发展基金，从而加速营销活动的执行，使华为整个业务流程对合作伙伴可视。

4. 提高合作伙伴能力

华为推出了 IP 和存储产品售前专业人员认证，帮助合作伙伴深入掌握产品技术知识，并获得客户技术交流、基于场景的解决方案设计和 PoC(proof of concept，针对客户具体应用的验证)测试等实用技能。同时，华为还扩展了市场发展基金和联合市场基金的活动场景，以支持其遍布全球的合作伙伴、解决方案合作伙伴和运营商合作伙伴拓展相关业务，让伙伴享受到能力增值带来的收益，更加从容地面对行业数字化转型挑战。

5. 构建合作伙伴生态圈

华为设立了华为信息与网络技术(ICT)学院发展基金，以促进华为 ICT 学院的发展，支持教学运营，促进学生考取华为认证，同时加强国际教育圈合作，提升华为 ICT 学院品牌，培养华为技术人才，构筑人才和品牌"护城河"。同时，华为还为解决方案伙伴提供了开发基金、营销基金和全球伙伴激励基金支持，加强服务交付满意度管理，以及通过市场发展基金向更多生态伙伴延伸等一系列利好政策，吸引生态伙伴。

6. 建成全面的合作伙伴评估体系

华为重新设计和优化了面向未来的合作伙伴评估和定级体系，对伙伴能力进行评估和定级。基于对伙伴能力的评估和定级，华为针对性地制定了合作策略，让能力强的伙伴获得更多机会与支持，同时建立流程机制，保障伙伴能力投入获得相应回报，形成商业正循环，能力强、贡献大的伙伴获得的项目和激励多，能力弱、贡献小的伙伴获得的项目和激励少。

四、结束语

面对未来，供应链生态共赢的关键在于发挥出各自优势，实现"1+1＞2"的效果。华为通过与合作伙伴生态的政策优化，广泛聚合了更多的生态伙伴，同时帮助伙伴实现更高的追求，给予伙伴更好的支持，持续围绕发展、培育、支持、激励和秩序，开展合作伙伴的运营管理工作，打造开放、合作和共赢的多元生态系统。2022年6月，首届"华为伙伴暨开发者大会"隆重开启。以"因聚而生为你所能"为主题，华为携手合作伙伴举办了80余场线上线下活动，发布众多新产品和新合作政策，在建立和维系与合作伙伴关系方面，华为一直在努力。

思 考 题

1. 生态圈的快速发展，对华为的合作伙伴关系管理提出了哪些要求？
2. 进行合作伙伴关系管理应该注意哪些要点？
3. 华为是如何对合作伙伴进行管理的？能为华为将来的发展创造怎样的优势？
4. 华为的合作伙伴关系管理给其他企业提供了哪些启示？

案例22　从家乐福看零供关系的成与败

> **案例涉及的基本知识点**
>
> 供应商管理库存(vendor managed inventory, VMI)，是指一种以用户和供应商双方都获得最低成本为目的，在一个共同的协议下由供应商管理库存，并不断监督协议执行情况和修正协议内容，使库存管理得到持续改进的合作性策略。

▶ 一、案例背景

家乐福集团成立于1959年，是大卖场业态的首创者，是欧洲第一大零售商，世界第二大国际化零售连锁集团。现拥有11 000多家营运零售单位，业务范围遍及世界30个国家和地区，集团以三种主要经营业态引领市场：大型超市、超市以及折扣店。

近几年来家乐福在中国的经营与发展可谓是波折不断，危机重重。因分权模式而导致出现大量采购商业贿赂事件；过度地压榨供应商引发了众多供应商的抵制行为……2019年家乐福中国被苏宁收购。

▶ 二、问题提出

家乐福在处理与供应商的关系上既有不当之处，也有值得借鉴的地方。在零供关系上，家乐福曾备受指责，具体原因有哪些？家乐福作为欧洲第一、全球第二的零售商是如何妥善解决问题并管理供应商的呢？

▶ 三、具体措施

家乐福与供应商的关系一直就存在着矛盾与冲突，这归结于家乐福的三种主要盈利模式。

首先，利用强势地位压低采购成本。由于供应商对零售商存在严重的依赖性，对于家乐福的不公平要求也只能接受，以低成本向其供货。

其次，家乐福向供应商收取名目过多的费用，比如促销费、新店开业费、折扣费、堆头费、海报费、卡夹费、特殊位置占用费等高额费用，这些费用也是家乐福利润的一部分来源。

最后，家乐福还延迟与供应商的货款结算周期，转移风险。像沃尔玛、大润发等货款结算周期都是在一个月左右,而家乐福却要 60 多天,通过占用的大量资金来开拓市场和提高盈利。

通过挤压供应商的利润,家乐福做到了物美价廉,吸引了大量的消费者,但同时也为自己带来了不少麻烦。由于不满家乐福的过分"压榨",中粮、康师傅、九三粮油纷纷公开指责家乐福收费过高,发起了对家乐福的集体抵制,一些小供应商也选择了从家乐福低调退场。

但是,家乐福对于供应商的管理也是值得国内外其他零售商借鉴的。

第一,家乐福会对它所有的成百上千的供应商建档,以建立和维护与供应商的长期合作稳定关系。在建档的基础上再对供应商进行分类,家乐福的大卖场会将其数千家供应商分为 A、B、C 三类,呈橄榄形,比例分别为 20%、50% 和 30%(图 10-2)。占 20% 的称为主力和重要供应商(A 级,即业务关系很密切),比例为 50% 的称为较重要供应商(B 级,即比较密切),另外 30% 的供应商称为可选择性供应商(C 级,为一般供应商)。

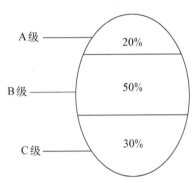

图 10-2 供应商分类比例

家乐福对重要供应商的区别对待主要体现在以下几个方面:① 新商品的申报政策;② 优先付款政策;③ 陈列方式与陈列位置;④ 促销安排上的倾斜。一切都是以重要供应商利益最大为优先选择。实行分类管理的目的是因为重要供应商是家乐福主要的利润来源点,为重要的供应商提供优质的服务与管理的同时能最大化提高自己的收益。

第二,家乐福对供应商的信息化管理。家乐福和供应商之间的联系采用的是 EDI 系统,目的在于使得交易透明化,同时实现信息共享,提高工作效率,最终达到共赢的效果。同时家乐福也为供应商提供双渠道的配送系统。家乐福的经营商品达数万种,要将商品配送至各地的几十家分店显然非常费时、费力,为解决这些配送问题,家乐福主要采用两种方式:

(1)供应商直送。当公司接收到订单后直接以 EDI 的方式传递给供应商,然后供应商直接将商品送至各分店。这里特别要提出的是家乐福与雀巢共同实施的 VMI 计划。VMI 的核心思想在于零售商放弃商品库存控制权,而由供应商掌握供应链上的商品库存动向,即由供应商依据零售商提供的每日商品销售资料和库存情况来集中管理库存,替零售商下订单或连续补货,从而实现对顾客需求变化的快速反应。经过整个合作过程,双方均受益匪浅。而对于家乐福而言,则是大大提升了市场反应能力和市场竞争能力,两者的关系不仅仅再局限于一个利益交换的关系,而是上升到一个共同合作、利益共享的关系。

(2)配送至物流中心。各分店传送至物流中心和供应商,供应商只需要把商品送至物流中心,同时物流中心再安排车辆运至各分店。这样可以大大减少供应商的物流成本。

四、结束语

在我国现在的市场上,零售商与供应商依然处在不平等的地位,供应商严重依赖于零售商,再加上市场机制的不健全,也就使得零售商与供应商难以达到一个平等合作的关系。所以在以后的建设发展中,政府应该制定更完善更合理的法律法规来规范和约束双方的行为;供应商与零售商之间要发展共同赢利模式,在零售商能得到优质的供应服务的同时,也能保障供应商的利益。

思 考 题

1. 供应商的分类管理对家乐福经营发展有何积极作用?
2. 对于供应商而言,具体应该怎么做才能实现与零售商真正的平等合作呢?

第四部分　行业专题篇

- 第十一章　制造业物流供应链
- 第十二章　零售业物流供应链
- 第十三章　快递业物流
- 第十四章　第三方物流
- 第十五章　电商物流供应链
- 第十六章　食品生鲜物流

第十一章 制造业物流供应链

制造业物流主要是围绕生产制造企业实体物质资料发生的物流活动。生产企业物流是以购进生产所需要的原材料、设备为始点,经过劳动加工,形成新的产品,然后供应给社会需要部门为止的全过程的物流形式,该过程要经过原材料及设备采购供应阶段、生产阶段、销售阶段,便产生了采购供应物流、生产物流和销售物流三种主要物流形态,另外生产企业业务活动中因为物品的回收、废弃处理可能还伴随着回收物流及废弃物物流。对制造企业来说,供应链管理是一个广义的概念,从原材料采购、生产制造再到销售渠道,包括物流在内的所有活动及流程都属于供应链管理的范畴。

案例 23 "以快制胜"的海尔物流

案例涉及的基本知识点

1. 客户关系管理(customer relation management,CRM),是指依靠以客户为中心的理念来支持有效的营销、销售和服务过程,以使客户的长期价值达到最优化的管理活动。
2. 准时生产方式(just in time,JIT),它的基本思想是在恰当的时间、恰当的地点,以恰当的数量、恰当的质量提供恰当的物品。

一、案例背景

业务范围多样化、消费者要求的提升等等直接导致国内电商成本不断上升。在利润空间越来越小的物流服务中,单纯的价格战已经不能再吸引消费者了,保持良好的服务质量才能赢得顾客。在这种环境下海尔集团依靠其长期积累下来的资源优势,通过不断优化和整合,为客户提供优质的物流和服务。

海尔集团创立于1984年,经过了名牌战略发展阶段、多元化战略发展阶段、国际化战略发展阶段、全球化品牌战略发展阶段、网络化战略发展阶段、生态品牌战略阶段等六个主要阶段。2021年10月18日,海尔连续11年入选"BrandZ最具价值中国品牌100强"。

二、问题提出

作为国内家电行业的"龙头老大",在产品质量得到充分保证的前提下,海尔必须在每个物流环节都能做到高效运转。海尔明白配送是家电企业物流中十分重要的环节,因此如何做好快速配送成了海尔在家电市场的努力方向。

三、具体措施

配送作为物流供应链上的重要环节,很大程度上影响着供需两方的合作利益关系。作为衔接供需两方的最直接的途径,物流配送的滞后将严重阻碍物流的发展脚步,特别是对电商企业来说,电子商务的成功与否直接取决于其所依赖的物流配送服务,在客户下完订单后,等待时间的长短是对电商配送服务的第一评判标准,也将直接影响着企业客户服务关系。作为电子商务依赖的第三方物流平台,申通、中通、圆通和韵达等一些快递企业,在竞争如此激烈的环境下,配送的快速和准确性也成为它们夺得市场的一个有力武器。

传统的企业都是根据计划来采购,这样由于对市场的不理解也就不能很好地把握库存。而海尔则是通过实施三个 JIT 实现了零距离、零库存和零运营资本,从而达到快速响应配送。JIT 采购就是按照计算机系统的采购计划,需要多少,采购多少。JIT 送料指各种零部件暂时存放在海尔立体库,然后由计算机进行配套,把配置好的零部件直接送到生产线。海尔在全国建有物流中心系统,无论在全国什么地方,海尔都可以快速送货,实现 JIT 配送。

作为国内制造业巨头的海尔集团,依靠其强大的资源开始经营自营物流——海尔物流,同时也打造属于自己的电子商务平台——海尔商城。依靠着这两大优势,海尔不断整合优化从产品出库到运送到客户手中的整个过程,在这个过程中,海尔充分利用了与电子商务的结合和强大的内部技术系统。

完善的物流和高水平的服务体系才是电商核心竞争力的体现。海尔商城正是通过快速及时的物流配送和细致入微的服务,拉近了企业与消费者之间的距离。海尔建立了自营物流——海尔物流,而海尔的网上专卖店海尔商城就建立在海尔物流的基础上,自建 B2C 电子商务平台,从而把自己的优势发挥得淋漓尽致。海尔商城依托海尔强大的"物流网""服务网""营销网",充分把线上网络商城和线下专卖店两者相融合。例如,在消费者下单购买后,海尔商城便联系距离最近的服务网点,承诺 24 小时之内为消费者送货上门、安装调试,从而解决了大家电送货难、产品保障等种种问题,24 小时内送达的承诺也受到了网友的一致好评。海尔把物流交给自己做,增加了对客户的责任感,也就避开了传统电商与第三方物流合作的一些弊端,如商品运送不及时、商品缺损率高等,提升了品牌形象。

海尔的核心构造可以简化为"前台一张网,后台一条链",前台的海尔客户关系管理网(CRM)和后台的海尔市场链都可以快速响应市场和客户的需求。前台的 CRM 网站作为与客户快速沟通的桥梁,将客户的需求快速收集、反馈,实现与客户的零距离。后台的 ERP 系统可以将客户的需求快速触发到供应链系统、物流配送系统、客户服务系统等流程系统,实现对客户需求的协同服务,大大缩短对客户需求的响应时间。

四、结束语

海尔充分利用自有资源优势来做好快速配送,这样既节约了成本,也提高了自己的市场竞争力。快速配送不仅仅强调快速,同时很注重在配送过程中对商品质量的保护以及面对客户时良好的服务态度,从而实现在内部提高工作效率,在外部提高客户满意度的目标。

思 考 题

1. 快速配送也是需要付出高成本代价的,如何在配送质量和成本之间做到最好的权衡?
2. 海尔在库存管理上该采取哪些措施以提升自己的竞争力?

案例24　美的：走在自我超越的跑道上

> **案例涉及的基本知识点**
>
> 1. 电子数据交换(electronic data interchange，EDI)，是指按照同一规定的一套通用标准格式，将标准的经济信息通过通信网络在贸易伙伴的电子计算机系统之间进行数据交换和自动处理。由于使用EDI能有效地减少直到最终消除贸易过程中的纸面单证，因而EDI也被俗称为"无纸交易"。
>
> 2. 供应商管理库存(vendor managed inventory，VMI)，是指一种以用户和供应商双方都获得最低成本为目的，在一个共同的协议下由供应商管理库存，并不断监督协议执行情况和修正协议内容，使库存管理得到持续改进的合作性策略。

一、案例背景

随着自身业务在全球范围内的不断扩大，美的已经形成了一个覆盖全球，从生产制造、供应商、物流、渠道到客户的庞大企业供应链群。2010年，美的制定"十二五"发展规划，定下了五年内进入世界500强，成为全球白色家电前三位的具备全球竞争力的国际化企业集团的发展目标。

美的创立于1968年，旗下拥有四家上市公司、四大产业集团，是一家以家电业为主，涉足房产、物流等领域的大型综合性现代化企业集团，是中国最具规模的白色家电生产基地和出口基地之一。目前，美的集团有员工20万人，拥有十余个品牌，拥有中国最大最完整的小家电产品群和厨房家电产品群。美的在全球设有60多个海外分支机构，产品销往200多个国家和地区，年均增长速度超过30%。2019年，美的集团全年营业收入2 782亿元，居中国家电行业第一位。

二、问题提出

目前市场竞争已经由企业与企业之间的竞争变为供应链与供应链之间的竞争，要实现既定目标，成为一个屹立全球市场的企业，就要进一步联合上下游的业务伙伴，构建紧密合作关系，加强供应链一体化管理。

三、具体措施

1. 先进的信息系统平台

美的利用电子数据交换(EDI)平台(图11-1)来实现美的与供应链合作伙伴之间的实时、安全、高效和准确的业务单据交互,提高供应链的运作效率,降低运营成本。美的针对供应链的库存问题,利用信息化技术手段,一方面从原材料的库存管理做起,追求零库存标准。美的采用"供应商管理库存"(VMI)和"管理经销商库存"等信息系统,在全国范围内实现了产销信息的共享。供应商可以通过信息的实时把握做一些适当的库存调整,美的也可以依靠供应商管理库存,降低供应链上产品库存,抑制牛鞭效应。另一方面针对销售商,以建立合理库存为目标,从供应链的两端实施挤压,美的资金占用降低、资金利用率提高、资金风险下降、库存成本直线下降,实现了供应链的整合成本优势,保证企业的核心竞争力。

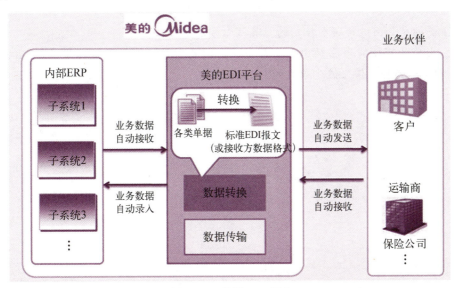

图 11-1 美的 EDI 平台

2. 有效的销售管理

美的对前端销售体系的管理进行渗透,在经销商管理环节利用销售管理系统统计经销商的销售信息为经销商管理库存。通过 EDI 可以达到存货管理上的前移,美的可以有效地削减存货,而不是任其堵塞在渠道中,让其占用经销商的大量资金。

3. 供应链整合

美的以空调为核心对整条供应链资源进行整合,使更多的优秀供应商纳入美的空调的供应体系,提升了美的空调供应体系的整体素质。美的对供应资源布局进行了结构性调整,优化供应链布局,满足制造模式"柔性"和"速度"的要求。通过厂商的共同努力,整体供应链在"成本""品质""响应期"等方面的专业化能力得到了不同程度的培育,供应链能力得到提升。

4. 与专业第三方物流企业合作

美的与安得物流进行合作，美的每年超过80%的物流业务由安得承担。安得物流在全国各大中城市拥有100多个网点，结成高效的物流网络，具备全国性的综合物流服务能力，为美的提供快准运输、高效仓储、精益配送等物流服务，并提供方案策划、物流咨询、条码管理、库存分析、批次管理、包装加工等增值服务，对美的供应链的整合有着重要意义。

四、结束语

美的通过与上下游合作伙伴的紧密关系及有效的供应链管理，实现了资源整合利用，降低了企业物流运作成本，增强了企业的市场竞争力，这为企业进一步实现规划目标、进入世界500强奠定了坚实基础。

思 考 题

1. 美的是如何进行成本控制的？其核心方法是什么？
2. 当前的市场竞争已经由企业与企业之间的竞争变为供应链与供应链之间的竞争，美的是如何打造供应链竞争力的？

案例 25　戴尔的直销供应链管理

> **案例涉及的基本知识点**
>
> 1. 直销,是指以面对面且非定点之方式,销售商品和服务,直销者绕过传统批发商或零售通路,直接从顾客处接收订单。现代直销起源于美国,直销最早的萌芽始于20世纪50年代,由犹太人卡撒贝创立。随着信息化社会的迅速发展和人们图求方便快捷购物心理的兴起,现在直销几乎遍及全球所有市场经济成熟和发达的国家和地区。
>
> 2. 供应链管理,是指利用计算机网络技术全面规划供应链中的商流、物流、信息流、资金流等,并进行计划、组织、协调与控制。

一、案例背景

戴尔公司创立之初是给客户提供电脑组装服务,但由于研发能力与开发技术的先天不足,无法与 IBM、惠普等公司匹敌。为取得竞争优势,戴尔公司优化其制造流程,对成本进行了一系列的控制。直销模式使得公司可以直接面对最终消费者,减少了中间渠道。不仅如此,全面实施大规模定制的供应链管理更能帮助戴尔与供应商之间进行有效的信息沟通,缩短产品生产周期、降低库存成本,从而使企业获得高效率、低成本的核心优势。这些正好印证了戴尔的"黄金三原则"——坚持直销、摒弃库存、与客户结盟。

IT 产品及服务提供商戴尔公司由迈克尔·戴尔于 1984 年创立,总部设在得克萨斯州奥斯汀。戴尔是全球最知名的品牌之一,是全球企业首选的 IT 整体解决方案及服务供应商,它在全球 90 个国家和地区拥有逾 43 000 名服务相关人员,60 个技术支持中心和 7 个全球指挥中心。每天,戴尔向 180 多个国家和地区的用户提供 12 万台以上的产品,相当于每秒出货 1 台以上。Dell.com 创建于 1996 年,是全球最大的电子商务网站之一,目前可以支持的语言已经达到了 34 种。戴尔每年与客户进行近 20 亿次网络互动,全球超过 350 万的用户通过社交媒体以及在线服务商与戴尔进行联络。2019 年10 月,戴尔以 90.8 亿美元的品牌价值在 Interbrand 发布的全球品牌百强榜上排名第 63 位。

二、问题提出

相比惠普、IBM 等引领技术趋势的电子巨头来说,戴尔每年在技术研发上的投入不足其总体营运费用的 2%，在前十名的计算机公司中算是最低的，但是其成长动能却是最强劲的，是什么让戴尔在电脑市场站稳脚跟的呢？

三、具体措施

戴尔直销供应链运作模式的核心是根据顾客的订单装配产品，然后将产品直接寄送到顾客的手中。这种直销供应链模式去除了传统的代理商和零售商，节省了成本，提高了供应链的效率，降低了产品的成本。它主要有以下几个特点：

1. 按订单生产

戴尔根据顾客通过网络和电话下的订单来组装产品，这样顾客可以依照自己的喜好定制商品，从而提高了企业的生产准确性，降低了库存成本，提高了用户满意度。

2. 直接面向消费者

戴尔直接与消费者联系节省了大量的中间零售商费用，降低了公司的运营成本，并且能够直观地了解到顾客的喜好，与顾客进行互动，能够在保留旧客户的基础上吸引新客户。

3. 高效的供应链

由于戴尔进行了延迟化生产和直接营销，可以省去大量的供应链中间环节，令供应链的效率大大提高，成本显著降低。

4. 产品技术标准化

虽然顾客可以根据自己的喜好定制组装各种各样的产品，但其实产品的核心部件都是按照标准规格生产的合格零部件，技术的标准化使得产品的质量得以控制。

一般情况下，戴尔的物料库存相当于 4 天的出货量，而竞争对手的库存量则相当于戴尔近 10 倍天数的出货量。而在 PC 制造行业里，计算机的原材料成本每星期下降大约 1%，所以，戴尔的低库存不仅节省了其库存成本，也可以在同时间段内降低其生产成本。这些反映到产品上就使得戴尔比其竞争对手更有价格优势。

要在保证不缺货的情况下维持低库存并非一件简单的事情，戴尔成功的更关键的秘诀在于通过一定的流程来和供应商之间进行不断的数据调整，维持供应链的动态需求平衡。通过网络和其他先进的通信技术，戴尔可以每天和几万名客户进行直接对话，这样快捷迅速的沟通方式使得戴尔能够较为精准地确定其产品的实际需求，如果发现这些需求会导致某个零部件短缺，戴尔会通过系统及时通知供应商要求补货。所有交易数据都在因特网上不断往返，无论是长期规划数据（未来 4—12 个星期的预期批量），还是每隔两个小时更新一次的数据（用于自动发出补充供货请求）。通过供应链信息交换，戴尔的供应商仅需要 90 分钟的时间来准备所需要的原材料并将它们运送到戴尔的工厂，戴尔再花 30 分钟时间卸载货物，并严格按照制造订单的要求将原材料放到组装线上。由于戴尔仅需要准备手头订单所需要的原材料，因此工厂的库存时间仅有 7 个小时。因为戴尔执行着非常流畅的信息供应链，使得企业内部的营运状况良好，资金流稳定，客户能够获得良好的用户体验。

四、结束语

在电子计算机这种科技含量高的行业,戴尔公司在技术并不突出的情况下,结合自身发展的特点,推出了独特的直销模式,奠定了其在供应链管理中的突出地位。

思 考 题

1. 相对于传统的销售模式,戴尔直销模式的竞争优势有哪些?
2. 戴尔直销模式要求将产品直接送到客户手中,这对产品的配送提出了哪些挑战?
3. 在国内市场,戴尔采取的销售方式是直销与门店销售相结合,试分析这种做法的原因。

第十二章 零售业物流供应链

零售业物流与零售业相伴而生。现代零售业物流是零售商在其购、存、销业务活动中,商品从供应商经零售商向消费者移动的过程,包括商品输送、搬运、保管、包装、流通加工以及相关的信息流动等功能要素,承担着商品从生产者或批发业者到消费者的转移功能。物流的存在消除了生产地或批发地与消费地的空间间隔,弥补了商品生产和消费的时间差,创造了商品的时间价值和空间价值。

案例26 沃尔玛成功的三大"利器"

案例涉及的基本知识点

1. 管理信息系统(management information system,MIS),是指一个以人为主导,利用计算机硬件、软件、网络通信设备以及其他办公设备,进行信息的收集、传输、加工、储存、更新和维护,以企业战略竞优、提高效益和效率为目的,支持企业的高层决策、中层控制、基层运作的集成化的人机系统。

2. POS(point of sales),即销售时点系统,在对销售商品进行结算时,通过自动读取设备(如收银机)在销售商品时直接读取商品销售信息(如商品名、单价、销售数量、销售时间、销售店铺、购买顾客等),并通过通信网络和计算机系统传送至有关部门进行分析加工以提高经营效率的系统。

3. 射频识别技术(radio frequency identification,RFID),是一种利用射频通信实现的非接触式自动识别技术。RFID标签具有体积小、容量大、寿命长、可重复使用等特点,可支持快速读写、非可视识别、移动识别、多目标识别、定位及长期跟踪管理。

一、案例背景

在全球零售企业竞争愈发激烈的时代,各个零售企业想方设法地凸显本企业的独特性,以此来吸引消费者。而沃尔玛"天天平价"的策略深受消费者青睐,因此奠定了其"零售巨头"的地位。

沃尔玛百货有限公司是由山姆·沃尔顿先生于1962年在阿肯色州建立,总部设在美国阿肯色州的本顿维尔,主要涉及零售业。经过50年的发展,沃尔玛公司已经成为世界最大的私人雇主和连锁零售商,多次荣登《财富》杂志世界500强榜首及当选最具价值品牌。沃尔玛全球2020年的营收达到5 240亿美元,全球员工总数超220万人,已连续七年位列世界500强榜首。截至2021年7月16日,沃尔玛市值3 967亿美元,约合25 700亿元人民币,已在全球15个国家开设8 600余家门店。

二、问题提出

作为一家零售企业,沃尔玛能够在销售收入上打败荷兰皇家壳牌石油公司这样的能源垄断机构,超过一些引领"新经济"的IT公司,并且能够在竞争非常激烈的零售行业保持第一的位置,其成功的秘诀与三大"利器"是密不可分的。

三、具体措施

沃尔玛三大"利器"主要体现在先进的物流信息技术、高效的配送系统和完善的供应链管理(图12-1)。

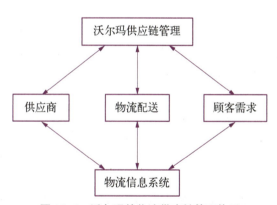

图12-1　沃尔玛的物流供应链管理体系

1. 先进的物流信息技术

沃尔玛之所以能够在商品的售价、货物的品类等方面远胜于其竞争对手,原因在于沃尔玛对其信息系统进行了非常积极的投资。在先进的物流信息系统的支持下,沃尔玛能够以最低的成本、最优质的服务、最快速的响应进行全球商品运作。

(1) POS系统。沃尔玛的POS系统又称销售时点系统(Point of Sale),包含前台POS系统和后台MIS系统两大部分。沃尔玛在完善门店前台POS系统的同时又建立了门店管理信息系统MIS。通过POS和MIS这两个系统的运作,商品的经营决策者可以在商品销售的任何过程、任何时刻掌握其经营状况,实现门店库存商品的动态管理,使商品的库存量保持在一个合理的水平,减少不必要的库存。

(2) EDI技术。20世纪80年代,沃尔玛公司开始使用电子数据交换系统(EDI),与供应商建立了自动订货系统。该系统是通过计算机网络向供应商提供商业文件、发出采购指令、获取收据和装运清单等,同时该系统也可以使供应商及时准确地了解其产品的销售情况。

(3) RFID 技术。沃尔玛自 2003 年开始大力发展 RFID 技术,目前已有超过 100 个供应商、制造商实现 RFID 的应用。RFID 因为具有可以在供应链各个环节跟随实体移动的特点,可以在不同环节向不同系统输入输出数据,这样就为数据的交换提供了一个统一的平台,实现了供应链运作最大限度的资源共享,提升了沃尔玛在整个供应链的竞争力。

2. 强大的物流配送中心

目前沃尔玛在美国本土有超过 62 个配送中心,整个公司销售商品的 85% 都是由这些配送中心供应,而其竞争对手只有 50%—60% 采用这种集中配送。沃尔玛采用这种"统一订货、统一分配、统一运送"的"过站式"的物流管理,既减少了中间环节,又降低了进货成本。配送中心往往位于建筑物的一楼,方便货物的装卸,货物的流通加工处理采用传送带方式运送,方便快捷。沃尔玛配送中心主要有以下三种职能:

(1) 转运。沃尔玛在其配送中心将商品集中起来并将其配送给各个门店,这些货物的进出大多在一天之内完成,有着非常高的效率。

(2) 提供增值服务。沃尔玛配送中心还提供一些增值服务,例如商品停留在配送中心时,在不损害商品质量的情况下对其进行加工,使产品增值。

(3) 调剂商品余额,自动补进。每种商品都需要一定的库存,例如牙膏、洗衣液等日用品,沃尔玛每天或者每一周都会根据其库存量的增减来自动补货。每个配送中心可以保持 8 000 种产品的转运配送。

3. 完善的供应链管理

现代商业的竞争不仅仅是单个企业之间的较量,更是供应链之间的比拼,要在商场上比对手更胜一筹,完善的供应链管理是必不可少的。

首先,作为供应链中十分重要的一环,沃尔玛非常注重对客户需求的管理并为此不懈努力。

(1) 营造良好的购物环境。沃尔玛内的购物通道宽敞明亮,货物摆放整齐有序,它经常在商店推出各式各样的促销活动,如季节商品酬宾、幸运抽奖、店内特色娱乐、特色商品展览和推介等,吸引广大的顾客。

(2) 无条件退款政策。沃尔玛有四条退货准则:① 如果顾客没有收据——微笑,给顾客退货或退款;② 如果你拿不准沃尔玛是否出售这样的商品——微笑,给顾客退货或退款;③ 如果商品售出超过一个月——微笑,给顾客退货或退款;④ 如果你怀疑商品曾被不恰当地使用过——微笑,给顾客退货或退款。

(3) 便捷的特殊服务。沃尔玛从顾客需求出发提供多项特殊的服务以方便顾客购物,如免费停车、免费咨询、送货服务、免费借雨伞等等。

其次,对供应商的管理也是供应链中特别重要的一部分。供货商参与了企业价值链的形成过程,对企业的经营效益有着举足轻重的影响。为了与供应商形成良好的合作伙伴关系,沃尔玛与许多供应商实现了供应商管理库存,使得供应商能够及时了解产品的销售信息以便及时补货。不仅如此,沃尔玛经常会将客户的意见反馈给供应商并参与新产品的研发,这样就能帮助供应商在最短的时间内设计、生产出顾客最需要的产品,赢得顾客的青睐,获得双赢。

四、结束语

任何一家企业的成功都不是偶然的,沃尔玛成立至今的 50 年中,能从一个小型超市成长为一个遍及全球的零售巨头,这与其出色的信息技术、完善的管理理念密不可分。在激烈的市场竞争中,只有手握"利器",才能"克敌制胜"。

思 考 题

1. 使用 EDI 技术给沃尔玛带来了哪些好处?
2. 除了本案例中提到的三大"利器",你认为沃尔玛成功的因素还有哪些?

案例27 "麦德龙"独树一帜的供应链管理

> **案例涉及的基本知识点**
>
> 1. 仓储式超市,是指一种带有批发性质的批售式商店,在我国又称为仓储式商场或货仓式商场。
> 2. "麦德龙"会员制,是指只有申请加入并拥有"会员证"的顾客才能进场消费,其余消费者可在柜台领取"当日会员卡"进行消费。
> 3. 管理信息系统(management information system, MIS),是指一个以人为主导,利用计算机硬件、软件、网络通信设备以及其他办公设备,进行信息的收集、传输、加工、储存、更新和维护,以企业战略竞优、提高效益和效率为目的,支持企业的高层决策、中层控制、基层运作的集成化的人机系统。

一、案例背景

长期以来,零售业以百货商店和日用杂货店为主,由于盲目扩张,定位不明确,缺乏特色,传统的零售业已经无法满足顾客的服务需求。20世纪90年代,麦德龙超市凭借其独特的内部管理体系,在中国开始了大规模的扩张活动。

麦德龙(Metro)是德国第一、世界第三的零售批发超市集团。1995年麦德龙来到中国,并于1996年在上海普陀区开设了第一家仓储会员制商场,麦德龙的进入给中国带来了全新的概念,填补了中国在仓储业态上的空白。

二、问题提出

麦德龙独树一帜的内部管理体系通过提供全方位服务,把自己与竞争对手明显地区别开,不但成功避免了与沃尔玛、家乐福、上海华联集团等零售巨头的正面竞争,还完善了自己的内部管理体系,成功实现了信息化。

三、具体措施

麦德龙在进入中国市场漫长的岁月中,之所以能够与家乐福、沃尔玛等零售大鳄一较高低,很大程度上得益于其独特的内部管理体系和高度信息化的管理。

1. 客户管理

麦德龙的客户分为团体消费者和个体消费者(图12-2、图12-3)。麦德龙根据"客户登记卡"创建顾客初始资料,并利用会员信息管理系统自动记录顾客购买情况,准确分析出客户需求的动态发展趋势,迅速对顾客需求变化做出反应,及时调整商品结构和经营策略,最大限度地满足顾客需求。

图 12-2　麦德龙团体客户会员证　　图 12-3　麦德龙个体客户会员证

麦德龙还根据团体消费者规模和购买量将目标客户分为"ABC"三类,专门成立的"客户顾问组"对客户的消费结构进行分析,向客户(特别是中小企业)提供特色咨询服务。同时,与主要的客户进行沟通并向他们提出采购建议,帮助客户降低采购成本。

2. 商品管理

麦德龙实行中央采购制的商品采购管理模式,各地连锁店无独立的采购决策权。总部统一采购后根据各连锁店的销售情况分别确定配送计划,进行统一配送。麦德龙还通过商品信息系统掌握商品进、销、存的全部资料,每一个环节都通过电脑完成。信息系统根据历史资料,自动地预测销售,制订采购计划,产生订单,将存货控制在最合理的范围。

3. 供货商管理

由于麦德龙对供货商提供产品的质量和供货能力要求很高,故其在与供应商建立购销关系时一般不采用常规签订书面购销合同的方式,而是专门为供应商制作一份《麦德龙供货商手册》。双方确认后,麦德龙和供货商之间形成长期合作关系,不再就单笔交易签订采购合同。

4. 销售计划管理

麦德龙与一般的零售企业不同,其销售计划是按促销活动制定活动节目。这种计划的制订要有相当的超前性,以便有充裕的时间进行统筹安排。计划成功的关键是销售计划与采购计划的一致和购销计划与供货商商品促销计划的有机结合。为了实现采销合一,麦德龙的销售计划是由采购部门专门负责实施的。

5. 财务管理

麦德龙利用由全球最大的企业管理软件供应商德国 SAP 公司提供的 R/3 系统对财务采取集中统一管理。在国内,各地连锁店每天发生的每一笔销售数据,均通过网络传送至上海总部,由上海总部统一进行会计核算。采购货款的支付也由上海总部统一控制,而各地连锁店的财务人员只负责每天的收银汇总及在上海总部核定的备用金使用范围内,报销日常的费用开支。

四、结束语

麦德龙明确的客户定位和独特的集中统一管理策略,使其不仅拥有了大批的稳定客户,还及时掌握了市场需求动态,从而提高了商品管理的主动性和灵活性。同时,其独特的中央采购制加强了总部对采购的控制,降低了进货成本。此外,麦德龙专门为其供应商制作了一份《麦德龙供货商手册》,通过这种规范化采购的运作,麦德龙把供应商纳入自己的管理体系,将供应商的运输系统组合成为自己的商品配送系统,从而大大降低了企业的投资,实现了低成本运营。麦德龙的销售计划管理具有相当的超前性,以便有充裕的时间进行统筹安排。在财务管理方面,其财务集中统一管理模式使得企业财务管理高度透明化,财务成本维持在一个比较低的水平上。

思 考 题

1. 就麦德龙发展来看,其目标客户管理是否适应中国市场发展?为什么?
2. 麦德龙的成功得益于其独特的内部管理体系的哪些方面?

案例 28　走在崛起路上的家家悦

> **案例涉及的基本知识点**
>
> 1. 供应链(supply chain),是指生产及流通过程中,为了将产品或服务交付给最终用户,由上游与下游企业共同建立的网链状组织。
> 2. 配送(distribution),是指在经济合理区域范围内,根据客户要求,对物品进行拣选、加工、包装、分割、组配等作业,并按时送达指定地点的物流活动。

一、案例背景

2011年6月8日出台的物流政策"国八条"要求促进农产品物流业发展,大力发展"农超对接"。"农超对接"的本质是将现代流通方式引向广阔农村,将千家万户的小生产与千变万化的大市场对接起来,构建市场经济条件下的产销一体化链条,实现商家、农民、消费者共赢。当前连锁超市在农产品特别是生鲜农产品流通方面将发挥越来越大的作用,连锁超市已成为农产品连锁经营的典型业态。

家家悦成立于1974年,是以连锁超市百货经营为主业,集物流配送、工业品生产、农产品批发和房地产于一体的大型连锁企业集团。家家悦超市通过生鲜食品的供应链建设(鲜活农产品生产与采购基地建设、加工配送设施建设、主食与鲜食的中心厨房建设)和自有品牌建设,已经成为中国连锁超市行业中具有核心经营能力与核心竞争能力的领先者,公司连续八年稳居中国连锁业五十强,获得"中国零售业区域明星企业""中国零售业最佳雇主"等荣誉称号。

二、问题提出

对外开放的不断深化使得国内零售业面临极大挑战,家家悦也备感竞争的激烈,如何在竞争中保持特色并不断成长是家家悦同众多零售企业共同关注的问题。

三、具体措施

家家悦在如何选择直采基地、如何确定基地采购的半径、基地如何向公司保质保量发货、如何开发自有品牌等方面做出了积极探索。

1. 经营模式的创新

家家悦在经营模式上进一步优化供应链,降低采购成本,形成规模优势和区位优势。2003年,公司联合四家超市成立了中国第一家跨省(区、市)的超市自愿连锁组织——上海家联采购联盟。家家悦在采购业务上进行共同的资源整合与开发,全面提高企业的竞争能力。2004年,公司又申请加入了国际SPAR自愿连锁体系,提高企业的国际化程度,加速与国际零售商业接轨的步伐。在生鲜经营方面,企业从生鲜食品的采购、加工到销售,全部实行自主经营,并建立了无公害蔬菜生产基地,与农户签订种植协议,积极发展订单农业,利用物流优势,打开了农副产品的销售渠道。

2. 借助供应宝电子商务平台,打造快速响应体系

家家悦在信息建设方面,通过将采购部门、配送中心、门店与总部的计算机联网,形成了总部、物流配送中心、超市自上而下的网络管理格局和一整套管理流程,实现了企业从采购到销售整个过程信息流与物流、商流、资金流的有机结合。家家悦制定的供应链系统以供应宝电子商务平台为基础,依据自身丰富的零售行业经验,结合供应宝电子商务平台的先进技术与成熟模式,构架了一套高效、安全、灵活、规范的供应链协同及快速响应体系。通过供应宝平台,家家悦与广大供应商能够在线进行业务交互、数据共享、实时沟通,实现从商品引进到供应商结算的全电子化流程(图12-4)。

图12-4 家家悦电子化流程

通过供应宝平台,家家悦做到了如下几点:

(1) 订单处理实时快捷,家家悦的订单能够在审核后快速发送至供应商。

(2) 协同互动,厂商实时根据产能和库存调整家家悦的订单,并实时将订单支持情况反馈给家家悦,最终实现产销平衡,供零双赢。

(3) 实时在线对账和查询,信息透明,一目了然,减少了差错率。

(4) 在供应商之间进行商品资料共享、新品引进及品类调整时,供应宝系统主动检索,寻找开放共享新品资料的供应商。

(5) 销售库存，数据共享。家家悦将销售及库存数据实时共享给供应商，供应商可以及时了解和分析商品的库存情况。同样，供应商通过分析商品的销售趋势及时调整生产计划及促销计划以提升商品的销售能力。

(6) 即时沟通，控制风险。

四、结束语

家家悦超市通过生鲜食品的供应链建设和自有品牌建设，已经成为中国连锁超市行业中具有核心经营能力与核心竞争能力的领先者。走在崛起之路上的家家悦，其创新和崇尚务实的精神是前进的保证。

思 考 题

1. 家家悦是如何整合供应链的？
2. 连锁零售企业该如何提高信息化管理水平？

第十三章 快递业物流

快递业是指承运方通过铁路、公路、航空等交通方式,运用专用工具、设备和应用软件系统,对境内、国际及港澳台地区的快件揽收、分拣、封发、转运、投送、信息录入、查询、市场开发、疑难快件进行处理,以较快的速度将特定的物品运达指定地点或目标客户手中的物流活动,是物流的重要组成部分。快递能够在极短的时间内将物品运达到目标地点,但是运量相对较小,运费相对较高。开展快递及速递业务的企业既有国际快递巨头,也有中国邮政旗下的中国邮政速递物流有限公司,还有其他的诸如顺丰、申通等民营快递公司。

案例 29 国际快递巨头 UPS 的扩张之路

案例涉及的基本知识点

物流金融(logistics finance),是指专业的第三方物流企业在金融市场中通过与金融机构的合作创新,运用金融工具使物流服务的价值得以增值,主要是依托在供应链运作过程中各种交易关系所产生的担保品向客户(尤其是中小企业)提供的融资及配套的结算、保险等服务的业务。

▶ 一、案例背景

美国联合包裹运输服务公司(United Parcel Service, UPS),成立于 1907 年。经过一百多年的发展,UPS 由一家提供消息递送服务的小公司发展到拥有 300 亿美元资产的大公司。UPS 作为世界上最大的快递承运商与包裹递送商,也是专业的运输、物流、资本与电子商务服务的提供者。

自 20 世纪 90 年代以来,UPS 凭借其供应链解决方案——物流金融模式备受关注。1998 年,UPSC 成立,2001 年 UPS 并购了美国第一国际银行,之后将其与原来的子公司 UPSC 整合在一起,从此 UPS 开始为客户提供供应链金融服务,包括存货融资、代收货款以及专门为中小企业提供信贷、贸易和金融解决方案等金融服务。UPS 在供应链金融生态系统中属于提供融资服务的第三方物流企业,通过共享其资金资源,与供应链上其他企业进行物流、信息流、资金流的互动,帮助供应链上的中小企业走出资金困境,更高效创造企业价值,UPS自身也获得业务增值利润,在这一过程中实现了价值共创。现如今,UPS最大的利润来源已经转向物流金融服务,物流为金融服务,金融又为物流服务,二者环环相扣。

二、问题提出

自20世纪90年代以来,UPS的发展动向在业界备受瞩目,主要原因是其独具匠心的供应链解决方案。供应链解决方案是一个流线型组织,能够提供货物配送、全球货运、金融服务、邮件包裹服务和业务拓展咨询等一揽子服务方案,从而真正实现货物流、信息流和资金流的"三流合一"。在该方案的形成过程中,物流金融模式的引入堪称典范。就目前发展情况看,UPS和其他国际物流公司(如全球最大的船运公司马士基)的第一位利润来源均为物流金融服务。具体来看,UPS的物流金融服务是如何开展的?其又具备怎样的魅力呢?

三、具体措施

1. 物流金融模式

(1) 货运融资模式。UPS供应链生态体系当中,大部分中小企业不具备强大的资金实力,融资难成为制约中小企业发展的问题。UPS针对那些规模不大,但资信状况良好的中小外贸企业推出了"货运融资"服务。中小进口企业把委托UPS运送的货物作为向其贷款的抵押担保,前期只需向UPSC支付进口货物总额50%的费用,UPSC就为其提供向供货商付清全额货款的融资服务,中小进口企业需在60天内向UPS偿还垫付货款和融资的费用。该融资服务把中小企业从动产中盘活,解决了中小企业融资难问题,提高了企业活力,为企业创造了新的价值。在货运融资的过程中,中小企业向UPS支付服务费用,但同时也获得了高效的融资服务和物流服务,节约了时间成本。

(2) 预付货款模式。一般而言,供应链中的大型核心企业为了降低成本,往往会选择延期支付来压榨中小供应商的利润,这势必会影响供应商的资金回流,甚至可能会影响供应商的供货能力,进而影响整个供应链的效率。UPS针对这种情况专门推出了"预付货款"业务。UPS所服务的大型核心采购企业,有许多中小供应商,UPS作为沟通双方的桥梁,与双方达成合作协议。UPSC在两周内先把货款支付给供应商,合作条件是供应商的货运以及其他物流业务均由UPS负责,供应商向其支付服务费用。UPS再通过UPSC与核心采购企业进行货款结算,由于UPS负责货物运输,则降低了采购企业失信的风险。对于供应商来说,UPS提供的供应链金融服务,使其应收账期大大缩短,在货物发出之后就能收到货款,提高了资金周转率,进而提升了整个供应链的运营效率,实现了价值共创。

(3) 代收到付货款模式。物流行业的仓储、运输等基础服务利润率很低,物流金融使物流服务和金融服务结合起来,这势必会提升物流企业的竞争力,提高物流企业的利润。UPS推出的"代收到付货款"业务是供货方委托UPS承运一批货物,而UPS与收货方也有合作协议,UPS 替收货方预付 50% 的货款给供货方,当收货方提货时,则需把全部货款交付给 UPS。在 UPS 把全部货款交付给供货方之前,存在资金运动的时间差,因此,UPS 可以利用这笔无息资金为其他客户提供放贷服务。这种模式,UPS 不仅收取了基础的服务费用,还利用资金运动的时间差,获得新融资服务的费用,自然增加了业务利润。通过这一创新的物流金融模式,中小企业解决了融资难的问题,供应商缩短了账期,提高了资金周转率,而 UPS 自身则提高了竞争力和企业利润,提高了整个供应链系统的效益。

(4) 国际贸易融资。UPS 快递公司凭借多年建立的针对外贸企业的客户信息系统,可以真正了解那些规模不是很大但资信状况良好的中小企业的信息。因此,UPS 做存货融资,风险要比传统银行低得多。另外由于 UPS 集团收购了美国第一国际银行,因此其融资成本较低,从银行融资后,UPS 再以较高的利率向那些急需资金但又难以获得银行贷款的中小企业提供存货融资,从中赚取利差收益,这样使公司每年的营业收入带来了大量增长,使公司的利润始终保持了高速增长,并且也提高了顾客满意度。

2. 吸引资金来源

充足的资金来源是开展物流金融的前提条件。一方面,UPS 通过其子公司 UPSC 收购融合了美国第一国际银行,可以通过银行渠道低成本获取资金,然后再通过物流金融的方式贷出资金,从中赚取利差。另一方面,UPSC 还与 Kabbage 等金融机构合作,由第三方金融机构提供资金,虽然这种方式下 UPSC 不能赚取利差,但是促进了母公司 UPS 供应链体系的发展,从而进一步提升了 UPS 供应链业务的收入。

3. 完善风险控制

相较于传统金融机构,UPS 借助于其根深蒂固的物流与供应链体系,从事物流金融时能够更好地把控风险。一是 UPS 能够很好地掌控抵押货物。作为世界物流巨头,UPS 的仓储运输网络遍布全球各地,企业用于抵押担保的货物存放在 UPS 的仓库中或是由 UPS 负责运输,在整个贷款融资过程中,它始终是融资抵押物的实际掌控者,这就控制住了违约时的风险底线。二是 UPS 能够很好地掌握货物流通信息。UPS 借助于历时 100 多年发展起来的覆盖全球的物流网络、信息系统和货物跟踪系统,可以实时掌握货物的最新状态,以及客户的资质和信用状况,一旦借款人出现问题,UPS 可以迅速冻结并处置货物。三是 UPS 掌握着客户企业较为完善的信息记录。在与企业的长期合作中,公司内部的客户系统对于那些规模不大但资信良好的企业都有完善的记录,因此其做存货融资,将强于传统的金融机构。四是 UPS 收购银行所带来的良性循环和风控模式的便利借用。在收购美国第一国际银行后,UPS 不仅可以源源不断地获取开展供应链金融业务的低成本资金,低借高贷,实现业务良性循环,还可以将传统银行多年积累下来的严格成熟的风控模式拿来为自己所用,与 UPS 的物流风控结合,叠加效应更加明显。

四、结束语

从 UPS 的案例中看出,物流企业从事物流金融服务不仅可以吸引客户、增加营业收入,还为使用 UPS 金融服务的企业提高资金周转率,在一定程度上可以缓解企业的资金困境。伴随着 UPS 物流金融业务的开展和壮大,UPS 的物流金融业务已经不仅仅是服务于其供应链服务的业务,甚至还成为其主要的利润来源业务。不过,UPS 所采用的这种物流金融服务模式在我国还受到一些政策限制,非金融机构不能提供金融服务。因而为保证物流金融业务在我国的开展,早在 2005 年,UPS 就在上海开办了一家金融公司办事处,仅提供金融顾问咨询服务,同时只能通过中国香港、台湾地区间接地提供贸易融资服务。虽然银行的收购存在困难,但 UPS 在物流金融业务中所做出的尝试或许能引发我国物流企业向金融业务领域拓展的思考,也能为他们开展物流金融服务、更好地为供应链服务提供一些有益的借鉴。

思 考 题

1. UPS 是如何通过物流金融解决企业融资难的问题的?

2. 试比较 UPS 资本公司提供的物流金融(以产业资本为主导)相对银行直接提供的金融模式(以金融资本为主导)所具有的优势。

3. 谈谈 UPS 在物流金融上的举措有哪些可以借鉴的地方。

案例 30 江西邮政速递物流把握农村市场

> **案例涉及的基本知识点**
>
> 农村物流,是一个相对于城市物流的概念,它是指为农村居民的生产、生活以及其他经济活动提供运输、搬运、装卸、包装、加工、仓储及相关的一切活动的总称。

▶ 一、案例背景

现代物流企业的迅速发展,促使第三方快递物流市场成长很快,快递物流公司应运而生,江西邮政速递物流公司便是其中一员。江西邮政的邮政速递业务开办于 1986 年,业务发展非常迅速,短短 20 多年间,已经形成国内异地、同城、国际三大主营业务、EMS 标准业务等业务体系。然而,随着快递物流市场竞争的加剧,面对国际物流巨头和国内中小物流企业内外夹击的严峻形势,江西邮政速递物流公司在城市物流配送项目上可开发的利润空间非常少,要实现江西邮政速递"保增长,求发展"的战略目标,借助邮政"最后一公里"的独到优势,考虑农村物流市场的开拓是必然方向。新农村建设中农村交通网络的不断完善为江西邮政速递物流公司发展农村物流提供了重要的条件,为邮政构建农产品物流渠道、消费品和农用物资速递配送体系提供了极大的便利。

江西省邮政速递物流公司是中国邮政速递物流公司的重要组成部分,直属于江西省邮政公司,2008 年 12 月在原江西省邮政速递局、江西省邮政物流局的基础上整合组建,2009 年 1 月 1 日正式按公司化模式运营。下设 11 个市公司、84 个县(市、区)公司,拥有固定资产 5 700 万元、流动资产 1.2 亿元,员工 2 400 多人,仓储面积逾 80 000 平方米,自有大中型运输车辆 500 余辆,长期可控车辆上千辆,林德叉车等设备 20 余辆,主要经营邮政速递 EMS、一体化物流和中邮快货、仓储、国际及港澳台包裹和分销配送等业务,是一家自主经营、自负盈亏、独立核算的国有独资企业。

▶ 二、问题提出

虽然江西邮政速递物流公司设立了农资配送中心及"三农"服务网点,但仍未充分依托覆盖全省的农村连锁网点,未发挥点多面广的网络渠道优势,导致农村邮政速递物流的业务范围仍然比较窄。目前还只是限于农资和日用品配送的单向物流模式,依旧主要实行"生产企业—邮政速递—农户"的传统运输模式,名优土特产品进城的业务还未展开。另外,江西省邮政速递物流公司现有的物流信息化水平不能很好地为邮政速递物流发展提供必要的信息共享、流动和相关处理服务,与发展现代化物流信息网络的要求相距甚远,这些成为制约江西邮政速递物流业务发展的一大瓶颈。

三、具体措施

江西邮政速递物流公司在开拓农村物流市场方面积极探索。

首先,江西邮政速递物流公司着力开拓农用物资分销网、农产品分销网、生活消费品分销网三大分销网,并将它们集合成一体化物流系统(图13-1)。通过构建一体化的农用物资分销网挖掘一些未能充分利用好的资源潜力,减少中间流通环节,节省物流运输成本,从而降低农用物资的流通成本。

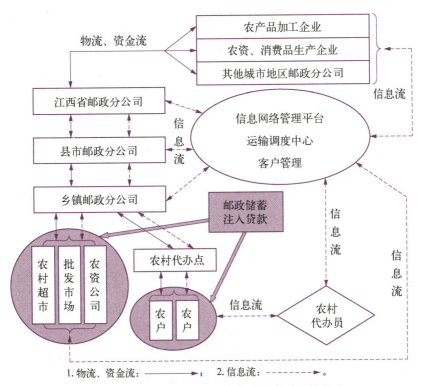

图13-1 江西邮政速递公司发展农村物流网络模式

其次,江西邮政速递物流公司借助邮政的品牌信誉,与一些大型的品质信誉高的农资生产商进行合作,实施集中采购并提供农用物资"门到门"的配送服务,解除农民对所采购的农资质量安全的担忧。此外,江西邮政速递物流公司积极尝试将原有的邮政物流信息系统进行升级优化,形成一个综合的信息系统网络,以求对所有的资源进行统一调度,进一步在农村建成相对独立、先进、高效、实用的物流信息网络平台,这也是邮政速递物流开拓农村市场的努力方向。

同时江西邮政速递物流公司正在积极寻找可开发的农村生产、生活对流项目,采取内输外运相结合的方式,解决由单向物流运输造成运输车辆空载率过高等问题,节省运输的整体成本,提高农村物流的整体竞争力。

四、结束语

江西邮政速递物流公司作为一个国有独资企业,依托中国邮政强大的"资金流、实物流和信息流"优势,以市场为导向,以客户为中心,通过进一步做好邮政农村物流工作,为"三农"提供信息、金融、物流等多方面的综合服务,力求打造江西省内物流行业领先的快递企业。

思 考 题

1. 江西邮政速递物流公司开拓农村物流有哪些优势?
2. 结合本案例谈谈江西邮政物流进军农村市场可重点把握的业务内容。

案例 31　顺丰赋能医药产业

> **案例涉及的基本知识点**
>
> 1. 医药物流,是指依托一定的物流设备、技术和物流管理信息系统,有效整合营销渠道上下游资源,通过优化药品供销配运环节中的验收、存储、分拣、配送等作业过程,提高订单处理能力,降低货物分拣差错,缩短库存及配送时间,减少物流成本,提高医药流通的服务水平和资金使用效率。
>
> 2. O2O(online to offline),即在线到离线/线上到线下,这个概念最早来源于美国,是指将线下的商务机会与互联网结合,让互联网成为线下交易的平台,也被定义为在线和离线服务流程的组合,其中服务提供商通过先进的技术和设备吸引客户并与客户互动。

一、案例背景

1993 年,顺丰在广东顺德正式成立,彼时仅有 6 人的顺丰在 23 岁的掌舵人王卫的带领下,依托着珠三角城市群,开始了艰难的创业历程。从"走出华南,走向全国"的高速成长期,到"全面提升,规范网络"的管理优化期,到"自建航空,开拓国际"的竞争领先期,再到"一体化供应链,发力电商"的战略转型期,顺丰从未停下向行业领先迈进的步伐。

顺丰经济和时效的传统业务早已为全国熟知,而其后续布局的快运、冷运及医药、国际、同城、供应链等新业务也开始展现出巨大的发展潜力。特别是近年来,国内医药用品不良事件持续发酵,社会对医药流通的关注度持续上升,政府各级部门也加强了对医药的监管力度,医药行业内急需更加专业化、更具创新力的医药物流企业,为其扭转行业发展态势,促进医药供应链革新升级。正是在这时,顺丰的医药事业部受到了更为广泛的关注,而医药供应链与物流服务也被认为是顺丰下一个将会形成百亿级市场的新兴业务。

作为一家老牌的物流企业,顺丰其实早已在医药行业布局多年。2014 年 3 月,顺丰就成立了医药物流事业部,经过两年的发展,顺丰医药物流事业部就已成为行业内颇具影响力的参与者之一。2015 年 7 月,注册成立的顺丰医药供应链有限公司开始独立运营,注册资本为 2 亿元。截至 2019 年,顺丰医药在全国范围内已建成 4 个 GSP 认证医药仓,规划中 4 个,总仓储面积超过 7.5 万平方米;已正式运营 36 条医药干线,覆盖全国 22 个省、超过 960 个区县;拥有 GSP 医药冷藏车 236 台,并配备完善的物流信息系统以及自主研发的 PLSS 全程可视化监控平台。

二、问题提出

顺丰的医药物流业务自正式运营以来,其发展一直追随着医药行业需求和医药政策不断转变。近年来,中央下达的药品安全"四个最严"要求下新修订的《药品管理法》逐步落地的同时,严格执行"两票制",试点并鼓励实行"一票制",为医药行业带来严峻的挑战,也对医药物流提出了新要求。处于医药改革推进的背景下,顺丰的医药物流业务模式又是如何在主动升级中应对行业和市场要求,创造出发展新机遇的呢?

三、具体措施

面对医药行业的新要求,顺丰采取了"线下物流运营+线上技术服务"的双轮驱动模式,这一模式成为顺丰助力医药行业、赋能医药供应链的一项重大举措。所谓"线下物流运营+线上技术服务"模式,即线下利用专有化网络资源、细分化物流场景、高效化仓配一体、标准化流程管理构造顺丰医药物流运营模式,线上利用大数据、算法、物联网、区块链、GPS、GIS等领先技术为医药供应链解决方案搭建起强大的技术服务支持,通过线下与线上的相互融合,赋能医药产业,提高运行效率,保障医药物流质量,促进医药供应链转型升级。

1. 线下物流运营

顺丰医药物流业务在线下物流运营上,采用了专有化网络资源、细分化物流场景、高效化仓配一体和标准化流程管理相结合的模式,落实医药供应链各节点,覆盖医药流通各环节,提供更专业、更高效的线下物流服务。顺丰线下医药物流模式详见图13-2。

(1)专有化的网络资源。顺丰医药的航空、陆运、仓库等物流网络资源由顺丰全面控制,且与顺丰的3C电子、生鲜、快消等产品分离,实行专有化、专业化的物流运作,提高了顺丰对医药物流的掌控能力和专业化能力。除此之外,不得不提的是顺丰拥有的用于偏远地区和紧急药品配送的物流黑科技——无人机,在此次武汉疫情中,顺丰的方舟无人机在救援物资配送的过程中更是发挥出了强大的作用,显现出顺丰对专有化物流资源的掌控优势。

(2)细分化的物流运营。面向不同药物的特性和不同目标对象的需求,顺丰设置相应的物流场景,对其线下物流运营服务进行了细致的划分。目前,顺丰的医药物流业务已形成精准温控、医药常温、药械仓储三大系列产品,打造闭环线下物流运营服务,覆盖医药供应链,能够为医药行业提供较为全面的物流服务。

精准温控系列:顺丰的精准温控系列产品提供的主要是2℃—8℃精准温控运输配送服务,产品包括:针对C端临床药品配送和生物样本检测物流的"精温专递",针对小批量多批次的生物制药、IVD、DTP新特药配送的"精温定达",针对大批量少批次的生物制药、疫苗零担运输的"精温定航",针对线路相对固定的疫苗、大型生物制药企业定制化整车运输的"精温整车"。

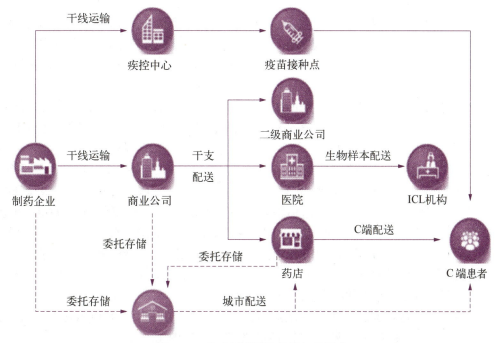

图 13-2 顺丰医药线下物流运营模式

医药常温系列：顺丰的医药常温系列产品提供的是对温度不做精准要求的运输配送服务，产品包括：针对医院、药店、电商以及慢性病药品配送的"医药安心递"，针对制药企业、商业公司零担运输及城市配送的"医药快运"，针对大型制药企业、商业公司长仓干线运输的"医药整车"。

药械仓储系列：顺丰的药械仓储系列产品主要是为制药企业、疫苗、器械、诊断试剂等异地分仓、本地存储提供医药仓储服务，其仓储温度针对不同医药用品特性划分为一级阴凉存储和两级恒温存储。

（3）高效化的仓配一体。面对渠道下沉、多终端且不断上升的药品需求，顺丰抓住成都、广州、南京、北京、武汉、西安和东北等几大重点区域，建设起 7 个总面积达 7.5 万平方米的 GSP 认证医药仓，拓展医药干线，扩充医药集散点和冷藏车。合理的医药仓库数量大大提高了管理效率，加上其覆盖全国 22 个省、1 003 个区县的医药物流网络，顺丰通过多仓协同，为医药供应链提供前置仓代储和第三方代储代配服务，实现仓配一体化，将医药用品快速分配至距需求客户更近的医药仓库中，提高医药配送效率，减少不必要的流通环节，降低药品质量遭受影响的风险。

（4）标准化的流程管理。针对不同物流运营模式下的 5 个核心环节（订单管理、收件、运输、中转、派件）所包含的 31 个步骤 65 个动作，顺丰制定了严格的流程操作标准和全程监控，采用专业标准化的包装技术、温控管理技术，完善 4 大类/299 份质量管理规范文件，从而全面把控流程操作质量，最大限度保障医药流通的安全性和可靠性。经事实证明，这种严格标准化流程管理的实施让顺丰医药物流的破损率、遗失率等相对行业平均水平实现了 50% 的降低。

2. 线上技术服务

线上技术服务是顺丰对医药供应链的另一推动力,顺丰抓准医药制造/商业企业、医院/药店、患者等供应链的重要节点,利用其强大的线上技术优势,在医药供应链后端和前端同时发力,发挥出其信息化程度高、追溯方式全、对接能力强的优势,为医药行业提供全方位的供应链解决方案。

(1) 后端:医药供应。在后端的医药供应环节,顺丰设置了丰富的 SaaS(软件服务)和 API(接口服务)对接方式,充分利用大数据、算法、物联网、区块链技术和整个运输网络中装载的 GPS、GIS 系统。一方面,顺丰推出了医药车库物联网平台、顺丰医药溯源平台、医药工业集成管理平台、第三方交易+阳光采购平台等多个信息服务平台,助力医药制造企业、商业企业、医院、药店实现从订单、发运、收货、使用、全程跟踪到结算的统一管理,并实现物流库存、运输和仓储环境完全可控制、可保障、可视化、可追溯。另一方面,依托于顺丰在医药行业的物流数据和客户订单数据的后台收集,顺丰医药物流利用其大数据分析能力和全球领先的供应链优化引擎,帮助客户量身打造供应链优化解决方案,提供包括需求预测、分仓布局、安全库存管理、补货周期、配送网络优化、运输智能调度等在内的线上技术服务支持。

(2) 前端:医药配送。在前端的医药配送环节,顺丰实施"线上问诊,送药到家"的医药标准解决方案,顺丰医药供应链前端配送模式详见图 13-3。

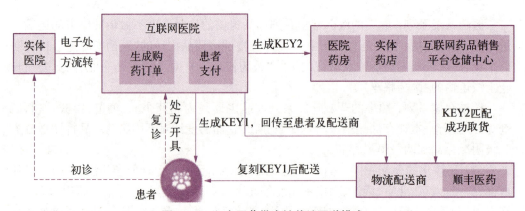

图 13-3 顺丰医药供应链前端配送模式

在前端,医药和药店物流由作为专业第三方的顺丰代为运营,通过搭建线上平台,对信息实行加密流通和匹配,单个患者对应唯一处方、唯一二维码、唯一运单号,四重绑定核验,保障处方单、药品、物流单统一正确,以及在内外部交接流转环节第六代巴枪对身份的高度识别。按照质量管理的要求,做到全闭环管理,助力线上问诊发展,赋能医药供应链前端的处方药品、冷链药品配送到家服务,提高前端线下物流运营效率。

四、结束语

随着时代的不断发展,国内对于物流业的要求提高,需求量急剧增加,尤其是对于医药物流此类专业性的物流企业,提出了更高的要求。在疫情期间,国内医药物资的运输需求激增,需要高效完整及时地将医疗物资运输到需求地,也对医药运输企业提出了更高的要求及标准。

作为第三方快递物流的典型代表,顺丰物流迅速占据了中国医药物流的一席之地,其相关的举措给中国的医药物流企业提供了启发与思考。近期的中国医药物流虽然发展势头相对较好,但是仍有许多需要提升及发展的地方,如信息化的再提高、柔性供应链建设等。医药物流企业对于各方面如仓储运输等的要求更高,因此需要企业积极提升发展自身,以满足不断增长的市场需求。

思 考 题

1. 顺丰在赋能医药产业的过程中,具体采取了哪些措施?
2. 顺丰的"线下物流运营+线上技术服务"模式为何能有所突破?
3. 顺丰医药标准解决方案对医药行业有哪些促进作用?

案例 32　申通快递的前进之路与绊脚石

案例涉及的基本知识点

1. 服务

服务(service),是指为满足顾客的需要,供方和顾客之间接触的活动以及供方内部活动所产生的结果。包括供方为顾客提供人员劳务活动完成的结果;供方为顾客提供通过人员对实物付出劳务活动完成的结果;供方为顾客提供实物实用活动完成的结果。

2. 物流服务质量

物流服务质量(logistics service quality),是指用精度、时间、顾客满意度等来表示的物流服务的质量。

一、案例背景

20世纪80年代以前,我国正规意义上的快递业务完全由中国邮政部门一家承担,直到1987年以前,中国邮政部门还占据全国快递市场95%以上的份额。随着国内外经济贸易的迅猛发展,尤其是电子商务的快速发展,我国的快递业进入了高速发展时期。2010年,我国的快递业务年产值达到600亿元,并保持超过20%的年均增长率。在这个快速发展的大浪潮中,众多民营企业崭露头角。

申通快递,即上海申通物流有限公司,成立于2007年,上海申通e物流是申通快递网络的总部,拥有注册商标"STO申通快递"。申通快递负责对申通快递网络加盟商的授权许可、经营指导、品牌管理等。申通快递品牌创建于1993年,是国内最早经营快递业务的品牌之一,经过十多年的发展,申通快递在全国范围内形成了完善、流畅的自营速递网络,基本覆盖到全国地市级以上城市和发达地区县级以上城市,尤其是在苏浙沪地区,基本实现了派送无盲区。申通快递在全国各省(区、市)有600多个一级加盟商和2 000多个二级加盟商、4 000多个门店、50多个分拨中心,全国网络共有从业人员四万多名,上万辆干线和支线网络车,日均业务量近百万票,年营业额超过40亿元,成为国内快递网络最完整、规模最大的民营快递体系。

二、问题提出

作为本土的民营快递企业,申通具有很多优势——价格低廉、服务更灵活有效等,但也存在一些显而易见的劣势：首先，在中国的快递市场中，受国际快递巨头和 EMS 的影响，无法占据主要地位，单从与 EMS 的对比就可以看出其市场竞争力较弱（表 13-1）；其次，国内民营快递市场宏观环境整体不佳；再次，物流人才尤其是高素质人才缺乏。

表 13-1　申通与 EMS 各方面比较

比 较 项 目	申 通 快 递	EMS
企业提供的服务种类	跨区域快递（省际件、国际件）；电商物流配送服务；第三方物流和仓储服务；代收货款业务；贵重物品通道服务等	国际、国内特快专递；电商物流配送服务；次晨达、次日递、国际承诺服务和限时递等高端服务；代收货款、收件人付费、鲜花礼仪等增值服务
承运货品	与 EMS 相似	增加鲜花礼仪速递等增值服务
业务覆盖范围	在全国范围内形成了完善、流畅的自营速递网络，基本覆盖到全国地市级以上城市和发达地区县级以上城市	服务范围延伸到国内外，业务通达全球 200 多个国家和地区以及国内近 2 000 个城市，尤其在城乡地区有优势，基本实现了派送无盲区
收费情况	申通国内快递收费一般为 10—20 元，与 EMS 价格相近	
支付方式	均可以网上支付或现金支付	

三、具体措施

申通快递是中国的民族品牌，作为民营企业，要在快递市场与长期盘踞在国内市场的国际快递巨头和以中国邮政为代表的国有快递企业分一杯羹是极其困难的，而最终申通经过多年努力成为国内具有重要影响力的快递体系，与其经营理念、模式和特点是分不开的。

首先，申通始终坚持"一如亲至，用心成就你我"的服务理念，在资金投入、管理的规范化和提供安全便捷的服务方面不断开拓和发展，为的就是以自身内在实力的提高来提升品牌价值。

其次，在经营模式方面，针对快递业的行业特点以及自身实际，申通采用的是低成本的扩张模式和贴近市场的运营模式。在申通发展的初期，其扩张主要是通过承包经营进行。2002 年 5 月，申通开始实行加盟制，申通快递的网络得以迅速扩大。然而，加盟体制虽然有利于快递企业网络的迅速扩大，在管理方面却存在一些缺陷，为此，申通逐渐对加盟网点进行"收权"，并创造性地引入了派送费互免体制，为申通的生存和发展奠定了良好的基础。在企业的运营模式上，申通形成销售网络、收件网络和投递网络三位一体的运营模式，所提供的服务很好地满足了市场需求。

最后，申通尤其重视信息系统的建设。2007 年，申通快递与深圳敏思达公司建立信息化服务长期合作关系。据敏思达公司在申通项目开发案例中介绍，截至 2010 年 3 月，已经陆续成功实施包括基础 E3 业务管理系统、淘宝电子商务信息化平台、高价值物品运作结算平台、客户服务管理平台等四大信息化平台,并进行了无缝整合对接。对我国香港、台湾地区分中心提供繁体版本,同时提供了与国际快递公司对接的国际件标准操作模型和标准数据接口。信息化的建设基本满足了申通发展的需要。

四、结束语

"创造民族快递的奇迹"这句话来源于申通公司主页,面对来自国际快递巨头、国内国营 EMS 以及民营企业中定位较高的顺丰等的竞争,过去、现在和未来的每一步都是决定性的脚步。申通在致力于创造民族快递奇迹的过程中,要把握好自身的优势,更要在竞争与对比中不断完善壮大。在提供服务方面,提供更多增值服务,力求走差异化竞争的道路;在企业管理方面,加强和改进对各网点的管理,全面提高物流服务质量;在人力资源方面,注重引进和培养高素质的从业人员。在准确的市场定位和自身的努力建设下,相信申通创造奇迹之路会越走越好。

思 考 题

1. 申通作为民营快递企业有哪些优势和不足?
2. 谈谈对申通提升物流服务质量的建议。

案例33 定日达——定日必达

案例涉及的基本知识点

1. 定日达,是指天地华宇面向企业客户提供的高端公路快运服务,它以"准时、安全、服务"作为核心价值,并以高度的时效性和安全性成为中国公路运输的领先品牌。

2. 精准物流,是指在原有物流基础上,在运输方面精准把控货物下单、运输等流程中的每一个细小环节,确保货物100%安全到达,在时效方面通过标准化的作业,运输过程的实时监控,保证在承诺时间内准时到达。

一、案例背景

公路运输一直是物流行业中一个必不可少的服务手段,航空、铁路以及轮船货运的"最后一公里"都要由公路运输来完成。在天地华宇所做的《公路货运行业调查报告》中,中国公路物流业和发达国家相比呈现出相对低效和高成本的特征。我国公路运输长期处于散、乱、差的状态。相关统计显示,目前美国前五大公路运输企业的市场份额为80%,在整个欧洲这一数字为28%,而我国前五大公路运输企业的市场份额仅为4%。由此可见,我国公路运输地位和服务水平都仍有待提高。

天地华宇是全球领先的国际快递公司TNT快递在华全资子公司,为国家首批5A级资质的物流企业。天地华宇的前身华宇物流1995年成立于广州,目前总部设在上海,运营着中国最大的私营公路运输网络之一。目前,天地华宇在全国拥有74个货物转运中心、2500家营业网点、近2500辆自有运营车辆、310多条运营线路、超过55万平方米的仓库。

二、问题提出

消费者对快递的要求是准时、快速。天地华宇推出的"定日达"在喊出"说到做到,定日必达"的口号时,也真真切切地让客户感受到了其优质的服务。

三、具体措施

2009年2月,天地华宇推出了国内第一个公路定时递送服务"定日达"(图13-4),

面向企业客户提供高端公路快运服务,希望以"价格低于航空货运,速度快于公路货运"的市场定位提升国内公路运输行业的服务标准。天地华宇仅用一年的时间,就从最初的4个城市,10条线路,拓展到覆盖26个城市,246条线路,服务800个运营点,准点率达到99%,而货损率却低于0.1%,达到公路运输最为发达的欧美市场标准。在2011(第九届)中国物流企业家年会上,天地华宇凭借成功推出创新性产品"定日达"及系统性管理创新和服务升级,荣获由中国物流与采购联合会颁发的"2011中国物流管理创新型企业"大奖。"定日达"作为公路运输的高端精准物流,其推出不仅为客户带来了时间与服务质量的"享受",也不断地优化着天地华宇自己的整个业务流程。

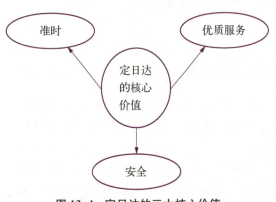

图13-4 定日达的三大核心价值

成本的大小是衡量一个公司业绩的重要因素。在公路货运市场上存在着低价恶性竞争的现象,在确保速度和降低成本这两者难以兼得等环境下,天地华宇借助"定日达"有效地避开了恶性竞争,同时又在速度与成本之间找到了一个很好的平衡点。"定日达"运营网点的服务线路涵盖长江三角洲、环渤海湾地区以及珠江三角洲三大主要经济区域,同时货物使用条形码以便客户可以在网上查询货物的运送进展,从而可以更好地掌控和计划货物递送,进而减少供应链成本。另一方面,天地华宇为保证高标准的服务质量,严格对货物进行细密筛选,不仅要求对那些可能会对其他货物造成影响的普通货物严格打包,而且还将可能影响到其他货品的异形货、污染货列为公司的递送范围之外。这毫无疑问会增加公司的成本,但这项服务却能给公司带来良好的声誉,更能为将来带来更大的收益。

"定日达"快运服务的推出也带动着整条供应链流程的优化。或许外界对"定日达"的认识仅仅停留在"提速"效应,但是其最大效应是"定日达"的"定日准时到达"服务的稳定,这也就需要对整条供应链进行优化,达到稳定的效果。首先,天地华宇先是经过对每两个区域的货量进行分析和线路的优化计算,得到一个优化的线路方案,然后进行货量集中整合和实现支线中转,这样就大大提高了车辆的利用率,速度也得到很大的提高。其次,将车辆改为大车型,降低了发车的频率,使得成本得以降低,供应商的利益也得到了更好的保证。可以说天地华宇是围绕着"定日达"建立了以分包中心为核心的中转为主的网络运行方式,在仓库等方面做了全面升级,对工作流程进行了标准化规范,对国内干线进行了优化,保证质量、速度、成本三方面的优化,由此在服务质量提升的同时成本得到了有效控制。

四、结束语

"定日达"是天地华宇整合之路迈出的重要的一步,但这并不意味着结束,天地华宇仍然需要不断地对"定日达"进行升级优化,同时不断创新自己其他的服务。而对于我国整个公路运输行业来说,物流企业如何进行整个公路运输业务的整合和优化,政府如何制定一个统一的标准来约束和规范公路运输行为,由此改变我国公路运输的现状,这都是需要去解决的。

思 考 题

1. 速度的提高往往使质量难以得到保证,天地华宇是如何让质量得到保障的?
2. 结合案例,谈谈"定日达"的精准体现在什么方面。

第十四章　第三方物流

第三方物流又叫合同制物流,是在物流渠道中由中间商提供的服务,中间商以合同的形式在一定期限内,提供企业所需的全部或部分物流服务。第三方物流提供者是一个为外部客户管理、控制和提供物流服务作业的公司,它们并不在产品供应链中占有一席之地,仅是第三方,但通过提供一整套物流活动来服务于产品供应链。第三方物流通常多指生产经营企业为集中精力搞好主业,把原来属于自己处理的物流活动,以合同方式委托给专业物流服务企业,同时通过信息系统与物流企业保持密切联系,以达到对物流全程管理和控制的一种物流运作与管理方式。

案例 34　宝供物流:打造智慧化供应链解决方案

> **案例涉及的基本知识点**
>
> 1. 第三方物流(third party logistics,TPL),指由供方与需方以外的物流企业提供物流服务的业务模式。
> 2. 物流信息系统,是指由人员、设备和程序组成的,为物流管理者执行计划、实施、控制等职能提供信息的交互系统,它与物流作业系统一样都是物流系统的子系统。
> 3. 智慧供应链,是结合物联网技术和现代供应链管理的理论、方法和技术,在企业中和企业间构建的,实现供应链的智能化、网络化和自动化的技术与管理综合集成系统。

▶ 一、案例背景

随着现代物流业的迅猛发展,国内的物流公司如雨后春笋般涌现,第三方物流产业逐渐成长壮大。近几年,我国的第三方物流市场正以每年16%—25%的速度增长。虽然我国物流行业发展很快,但目前物流发展水平仍比较低。

宝供物流企业集团有限公司创建于1994年,总部设在广州,是国内第一家经国家工商总局批准以物流名称注册的企业集团,是我国最早运用现代物流理念为客户提供一体化物流服务的专业第三方物流企业,是目前我国最具规模、最具影响力、最领先的第三方物流企业之一,也是我国现代物流和供应链管理的开拓者和实践者。

经过二十多年的开拓与发展,宝供已成为物流与供应链领域的引领者,形成了一个覆盖全国,并向美国、澳大利亚、泰国等地延伸的物流运作网络。宝供物流截至目前已经拥有 25 个大型供应链一体化服务平台、130 多个运营平台、200 多万平方米的仓储面积、20 多万条物流线路,覆盖 3 500 多个行政区域。宝供以其 20 多年服务全球 500 强企业的智慧和经验,致力于为广大工商企业提供供应链一体化服务,为政府提供产业供应链一体化解决方案,正形成一个以第三方物流为主体,集现代物流设施投资、供应链金融、电子商务、商品购销、国际货代、大数据服务等供应链服务功能为一体的综合集团。

从宝供物流成立伊始,宝供始终在致力为客户创造价值的使命上孜孜不倦,不断前行。在今天,客户的需求更多样化,也唯有用心、全力以赴才能实现宝供物流的使命。"用心为你创造价值",宝供永远将客户的利益放在第一位,致力于成为客户的最佳合作伙伴,落实供应链每一环节的价值创造,以"开放、合作、实干、创新、共赢"的企业精神,助力客户成就卓越,基业长青。

二、问题提出

21 世纪是知识和科技的时代,专业化、细致化、科学化的物流服务将成为客户物流体系改革、整合、规划和设计的重要依据,现代科学技术如自动识别技术、自动分拣技术、卫星定位技术、大数据、人工智能、5G 等将成为物流运作的重要工具,引起了第三方物流企业的重视。传统企业的单一成本竞争策略向差异化和个性化物流特色服务策略、数字化和智慧化升级策略转变将成为众多物流企业发展的必然方向。

三、具体措施

1. 行业供应链解决方案

宝供大力推行"量身定做、一体化运作、个性化服务"模式,针对不同的行业,宝供制定了个性化的供应链服务方案,致力于为日化、食品饮料、3C 家电、化工、家居建材、汽车零配件等行业的企业提供供应链解决方案,如表 14-1 所示。

表 14-1 宝供行业供应链解决方案

行业类型	服务说明
日化行业	渠道整合:通过创新科技,线上线下全渠道整合运营,减少库存,降低库存周转率和供应链总成本 渠道下沉:智能云仓布局规划,统筹仓配,优化分销体系,助力日化行业实现渠道下沉

(续表)

行业类型	服 务 说 明
食品饮料行业	食品管理：提供精细化的食品批次保质期管理和信息可追溯服务 渠道融合：运用技术使其实现全渠道融合和资源共享 智慧运输：利用智慧运输平台进行在途跟踪、订单整合、路径规划
3C家电行业	应对需求波动：运用大数据和模型算法等智能技术指导预测、配货和补货，满足波峰波谷需求 线上线下一盘货：智能仓网布局规划，多品类全渠道融合，多平台订单快速响应，大数据分析驱动，实现线上线下一盘货
化工行业	供应链安全管理：利用智能监管系统，对数据处理、消防和安全报警、应急处置、指挥调度进行系统整合，实现联防、可视化和智能化监管
家居建材行业	拉式生产：利用销售预测技术，实现拉动式生产 一站式服务：依托宝供全国性运营和信息网络，提供"干仓配送装"的一站式服务
汽车零配件行业	不同物流模式的配合：根据企业物流需求提供 VMI 仓库、Milk-Run 循环取货、跨境物流等服务，支持 JIT 生产 汽车供应链优化：提供运输路径优化、智能装配、供应链可视化服务，满足汽车供应链复杂性和时效性要求

红牛饮料公司曾经遇到过这样的问题：公司不能及时掌握产品的准确销售数据，无法对市场变化做出及时、正确反应。针对红牛公司的问题，宝供为其开发了一套针对物流业务的订单管理系统，系统与宝供的系统对接。宝供让客户真正体验到"上帝"的感觉，对那些客户负面反映比较多的项目或行为，及时加以改进，最大限度地将客户满意度转换为客户忠诚度。

2. 建立信息网络和运作网络

宝供开创性地建设了国内首家基于互联网/内部网的全国联网的物流信息管理系统，完成关键客户与宝供信息系统的对接工作。之后，宝供以业务为导向，基本建成宝供第三方物流信息集成平台，全面有效集成订单管理、仓储管理、运输管理和财务管理模块，实现了物流、信息流和资金流的一体化管理；通过 EDI 等技术，实现了与客户信息系统的有效信息交换与共享，在国内处于领先水平。同时，宝供积极寻求与信息公司的合作，共同打造信息服务平台，当前宝供已经在广州、上海、北京、沈阳、苏州、成都、合肥、南京、顺德、天津、西安等全国 20 个中心城市投资兴建了 25 个大型供应链一体化服务平台，形成了覆盖全国的信息网络。

宝供还在全国 130 多个城市建立了分支机构，并将工业化的管理标准应用到其整个物流服务体系中，全面推行 GMP 质量保证体系和 SOP 标准操作程序，使宝供集团的整个物流运作自始至终处于严密的质量跟踪及控制之下，形成了分布更广、质量更高的物流业务网络，确保了物流服务的可靠性、稳定性和准确性。宝供集团的货物运作可靠性达到99%,运输残损率为万分之一,远远优于国家有关货物运输标准。

3. 技术运营实现服务智慧化升级

为了更好地服务于客户,向客户提供更多、更好、更快的物流服务,促使物流生产模式由人力密集型向技术密集型转变,不断提高运作效率和管理水平,宝供加大了技术开发力度,以科技促发展,逐步提高公司的技术水平。近年来,宝供一直在不断尝试运用多种供应链物流技术与智能化、透明化的先进设备,实现多点渗透,覆盖运营作业全流程。

(1) 数智仓储。在过去二十多年的探索中,宝供物流一直致力于将仓储管理与互联网相结合,赋予仓储智能控制、信息感知、数据分析和信息运用的功能,并打造了专属的智能仓储数字化系统,应用于宝供物流的供应链项目中。同时,宝供采用成熟的仓储管理系统(warehouse management system,WMS)及全流程RF透明化作业模式,有效实现了物料传输、批次识别、智慧入库、货位管理、分拣和发货等各个环节的自动化透明化作业,最大限度提升仓储管理信息系统效率,有效解决了项目前期关于仓储信息化程度低、仓库规划不合理、仓储作业效率低的问题。

(2) 数智运输。借助数字化管理的优势来改变传统运输模式是宝供物流一直以来探索并实践的事情。宝供物流在运输方面的数字化管理得益于拥有一套先进的数字化系统。一是借助自主研发的ITMS运输管理系统,以线下标准化运营为基点,以互联网信息技术为支持,以基于进化算法的智能配载、车货匹配及智能调度为特点,通过可视化的数据在途跟踪服务完成"客户—平台—供应商—客户"的完美闭环,从而实现整个物流供应链标准化、数字化。二是通过一站物流商城移动端/PC端、自主研发的"千里眼"追踪器、监控视频、智能化托板等,对人、货、场三个层面的信息进行收集,并借助5G/4G技术传回云计算中心,分析加工数据并呈现至数字化监控大屏上面以供决策。三是"数字化监控大屏",监控大屏可实时查看仓库作业数据、异常监控、交易额、全国货源车源的分布等。

(3) 数智决策。宝供物流集成大数据、物联网、人工智能、云计算等数字化技术建成了供应链控制塔。供应链控制塔相当于一颗智慧大脑,可以实时抓取数据,分析数据并呈现在大屏上以供决策;可以对全国的运输及仓储资源进行统一管理和调度,同时可以实现供应链端到端的可视化,清楚了解客户的需求并根据需求提供个性化的解决方案;除此以外,这套系统还具有现场监控、提前预警、线上解决现场难题等亮点,可以不断为客户提供更高效、便捷、快速响应的服务,实现双赢。通过控制塔作为"数据中心",实现对供应链各环节更加有效的控制与管理。

四、结束语

宝供集团一直秉持着顾客至上原则,根据客户的生产及销售模式为其量身定制全面的物流服务模式、业务流程和物流供应链整合方案,为全球客户提供优质个性化第三方物流服务,并在不同客户间诠释物流管理者这一角色。同时,宝供还紧随时代技术发展的脚步,通过不断地进行信息化、数字化和智慧化升级,为客户提供更加高效的物流服务,帮助客户降低物流成本、提高客户竞争力的同时提高自身核心竞争力,最终达到了与客户双赢的目的。

思 考 题

1. 宝供是如何实现与客户的双赢的?
2. 宝供在物流的智慧化建设中采取了哪些措施?
3. 宝供物流的智慧化建设对其行业供应链解决方案服务的发展有何益处?

案例35　安吉：领跑中国汽车物流

案例涉及的基本知识点

1. 汽车物流，是指汽车供应链上原材料、零部件、整车以及售后配件在各个环节之间的实体流动过程。广义的汽车物流还包括废旧汽车的回收环节。汽车物流在汽车产业链中起到桥梁和纽带的作用。

2. 全球定位系统(global positioning system, GPS)，是指利用导航卫星进行测时和测距的一种信息技术，利用它能测定在地球上任何地方的用户所处的方位。

3. 物联网，是指通过射频识别技术、红外感应器、全球定位系统、激光扫描器等信息传感设备，按约定的协议，把任何物品与互联网相连接，进行信息交换和通信，以实现智能化识别、定位、跟踪、监控和管理的一种网络概念。

一、案例背景

上汽安吉物流成立于2000年8月，是上汽集团所属专业从事汽车物流业务的全资子公司，目前已成为国内外具有竞争力的第三方汽车物流供应商。2018年实现销售收入超过250亿元。在多年的发展中，安吉物流逐步形成了整车物流、零部件物流、口岸物流、航运物流、商用车及装备物流、快运物流、国际物流、信息技术等几大业务板块，配送网络覆盖全国562个城市，为国内外主要主机厂和零部件厂家、经销店、维修站提供智能化、一体化、网络化的汽车物流供应链服务。

二、问题提出

在过去的这些年里，我国国内的汽车物流市场可谓是"内忧外患"。一是汽车物流市场潜力增大吸引国内企业加入竞争。近年来，中国经济一直保持稳定增长，汽车消费迅速膨胀。中国现已成为世界第三大汽车消费国，汽车产量为世界第四位。汽车产业的高速发展为中国汽车物流带来成倍的增长空间。新车型频频推向市场，厂家的研发周期缩短，零部件物流需求增长快速，巨大的市场吸引着无数的物流企业。二是国际汽车物流纷纷抢滩中国汽车物流市场。在国内巨大的需求潜力吸引着越来越多的国内物流企业参与到市场中，渴望分一杯羹时，国外众多世界顶级的汽车物流巨头也不曾放弃这样一个抢占市场的机会，纷纷跻身于中国市场，希望在快速发展的中国汽车市场中获利，如奔驰在德国的配套物流企业BLG集团来京为奔驰轿车的零部件运输寻找合作伙伴，国际快递巨头 TNT 在上海将旗下快递、物流、直邮业务整合为整体服务。第三方物流在整个物流市场中占的比例日本为 80%，美国为 57%，中国仅为 18%，国内本土企业的地位和市场份额堪忧。三是低成本战略已成为中国汽车物流业需要解决的主要问题。在中国，第三方物流程度不高、浪费巨大、物流成本居高不下已成为制约我国汽车物流业未来发展的主要问题。身处这样一个内忧外患的环境中，上汽安吉物流公司作为国内首家汽车物流合资企业，是如何在激烈的竞争环境中寻求变革和发展的呢？

三、具体措施

1. 布局全方位的业务板块

经过了多年的业务布局，安吉物流将整车、零部件和口岸物流进一步扩展，形成了"整车物流、零部件物流、口岸物流、航运物流、商用车及装备物流、快运物流、国际物流、信息技术"八大业务板块。

（1）整车物流业务。整车物流是安吉的核心业务，通过整合物流资源和服务手段，为客户提供一体化物流解决方案。秉承"服务客户"的理念，致力于为客户提供供应链管理整体解决方案。在整车物流运作模式上，安吉已经可以通过独创的全球整车物流服务总包商（VLSP）物流服务模式（业界称为 3.5PL 模式），提供一体化的整车物流（图 14-1）。

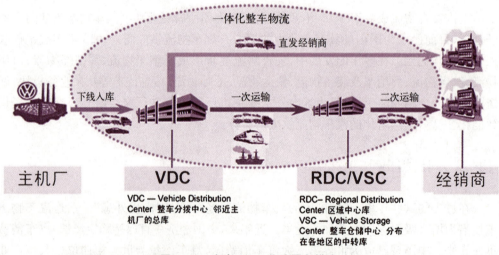

图 14-1 安吉 VLSP 物流服务模式

3.5PL 模式既有 4PL 的资源集成管控功能，又有核心物流资源自行投资运营的 3PL 特色，从而在保障企业快速发展的基础上形成了具有鲜明企业特色的竞争力。同时，安吉通过供应链整体解决方案的设计，帮助客户提高供应链运营效率，降低物流成本，使客户专注于核心竞争力的发展，也让安吉的整车物流在汽车物流界享有盛誉。

（2）零部件物流业务。安吉的零部件物流业务主要是通过创建于 2002 年的安吉智行物流有限公司进行的,可提供包括主机厂入场和售后、零部件入场、进口车售后和CKD物流业务。其中,零部件入场物流是汽车物流中最复杂、最有技术含量的组成部分,安吉现已经可以向客户提供零部件集货、入场运输、库存管理与方案设计、生产线配送、进出口业务整合等多样化的服务,并且根据不同零部件厂家的特点,安吉还采取整车满载、轮流取货、生产线直送等模式。

(3) 口岸物流业务。安吉在上海、大连、天津、广州、南京、武汉、重庆等地构建了沿海、沿江"T"字形口岸物流网络,是国内率先布局沿海沿江所有重要滚装口岸的物流企业,具备"无船承运人"和"一级国际货运代理"资格,可为客户提供一体化汽车物流解决方案。未来,安吉物流将拥有 23 个滚装专用泊位、4 623 米岸线、约 400 万平方米陆域面积、国内领先的智能化立体库等枢纽运作资源,年吞吐能力可达 530 万辆商品车。

(4) 航运物流业务。安吉物流航运业务下共运营 25 艘船舶,年运输整车能力超过 200 万辆,已在全国构建 7 个水路运作中心,覆盖沿海沿江各主要港口,开辟长江沿线、南北沿海等 6 条稳定的班轮航线。借助集团海外战略,国际滚装业务范围已遍及北美、南美、欧洲、北非、中东、东南亚等地区,形成了以水运中心和核心航线为主体的江、海、洋运输网络,可为客户提供"门到门"的第三方物流服务。

(5) 商用车及装备物流业务。依托在汽车制造行业供应链管理和运作中的技术与经验以及强大的资源优势,安吉物流的商用车及装备物流事业部致力于为国内外商用车、装备制造、大宗货物企业以及基建工程,提供一体化供应链服务和整体物流优化方案。

(6) 快运物流业务。安吉的快运业务在全国共拥有 74 个转运中心、2 500 多家营业网点、近 2 500 台自有运营车辆、310 多条运营线路、超过 55 万平方米的仓库,业务范围覆盖公路快运服务、仓储、供应链服务、信息技术解决方案等,其运营的网络是中国最大的公路快运网络之一。

(7) 国际物流业务。国际物流业务的开始是以上汽安吉物流战略保障为目标,为上汽集团保驾护航,同时也是为打造安吉自身的国际化网络平台。自 2013 年在泰国的第一家海外公司成立,印尼、北美、墨西哥项目也相继启动,并成立对应的海外公司,自此包括中国总部、亚太区、北美区在内的安吉国际物流网络平台初步搭建完成。

(8) 信息技术业务。安吉的信息技术业务是一项开拓性的业务,也是安吉内部的一项支持性业务。一方面,安吉抓住了新兴技术带来的创新发展机遇,围绕物流供应链信息化积极探索业务创新,形成具有行业特色的产品和解决方案,可以为客户的物流服务能力提升和可持续发展提供数字化动力。另一方面,技术的创新也能为安吉内部物流的信息化升级提供有力的支持。

2. 开创基地化的运作模式

在 2006 年时,安吉物流的业务分配模式主要基于单一客户和单一业务基地,即以上海为中心向全国发散。在这种模式下,返程的业务很少,资源利用率低,造成了很大的浪费,导致企业总体成本高,无法形成竞争优势。在与日俱增的成本压力下,安吉物流从以往按线路分配业务的模式中得到了启发,开创了基地化运作模式。所谓基地化运作模式,即当业务趋于复杂化、业务量逐渐增大、需求较为稳定时,安吉物流将根据各个区域的车型、业务量等指标对市场进行划分,在全国范围内,以区域物流中心为运输、仓储、管理和服务的节点,建立包括一个调度平台(上海)、多个业务基地、多层次服务的物流配送网络。同时基地运作模式主要遵循三项原则:

(1)错位竞争原则:各个下属运输公司开发的市场业务应以返回其所在的业务基地为主。这样就可以有效整合运输资源,减少车辆及铁路、船舶的空返率,大大降低运营成本。

(2)非垄断原则:运输公司以其业务基地为主来进行运作,但并不是垄断。各业务基地间的业务往来应该通过"内部对流"实现互惠互利,这就有利于各下属公司在竞争基础上的广泛合作,增强运输公司之间的伙伴关系,使得安吉物流内部团结一致,在市场竞争中一致对外,同时实现资源整合,减少空返率。

(3)规模不限原则:安吉不直接限定各运输公司的运力规模,鼓励运输公司通过整合社会资源做大做强,并通过考核各运输公司的利润及市场业务收入对其运力资源进行调控。

目前,安吉物流已经先后在山东烟台、山东青岛、辽宁沈阳、湖北武汉、湖北襄阳、广西柳州、广东广州、江苏仪征建立了业务基地,在全国形成了比较完善的运输网络,并且将各个运输公司按照基地进行业务分配。通过这一配送网络,安吉物流可以充分整合业务资源、运力资源,大幅度降低运输成本,从而获得成本优势。

3. 建立助跑信息系统

安吉的迅速发展壮大,离不开信息系统强有力的支持,也源于安吉对物流信息系统建设的高度重视。安吉现已开发并投入使用的具有自主知识产权的信息系统有整车运输 GPS 系统、仓库管理信息系统、3D 轿运车配载演示系统、零部件入场 TMS 运输管理系统和售后 WMS 仓储管理系统等,这些系统的构建大大地提高了安吉整体的物流能力,例如零部件入场 TMS 运输管理系统为客户提供了取货送货的技术支持,也满足客户对优化零部件仓库布局的需要,在提高运输和仓储资源利用率的同时,降低了成本。

不仅如此,安吉还致力于物联网技术的应用,实现信息的及时传递。把各个交接点的交接信息通过手持终端设备,采用 RFID、GPS、条形码的扫描进行信息采集,经过移动通信网络,传输到安吉的管理中心,管理中心的信息和安吉业务系统对接,及时更新订单交接完成状态。同时,安吉通过系统对接,把信息传送给汽车制造厂,使其了解商品车的交接情况,这些信息还会同步进入数据中心,通过数据中心的分析,发现问题并及时提出整改意见,制定整改措施。

4. 构建智能汽车物流供应链

安吉提出"真正转型成为数字驱动的智能供应链管理企业,从而打造出一个全新的物流生态圈",近年来,安吉也设立专有的信息技术板块,不断增强信息技术投入和布局。安吉物流从信息技术和装备技术两方面着手,实施软硬融合发展,其路径是从信息化、数字化到智能化。企业已在研究和应用的领域包括业务管理系统、仓储运输自动化装备、立体化装备、协作生产技术、货运车联网、大数据分析、人工智能决策应用等,覆盖汽车物流运作与管理的所有环节,从而实现智能物流与智能制造的无缝衔接。

5. 技术助力客户数字化转型

安吉物流可为国内大型汽车制造商提供一体化智能物流解决方案,通过合理规划自动化立体仓库输送线，使用无人驾驶叉车等自动化设备，以及自主开发的智能云平台系统等一系列软硬件设备，帮助客户实现全供应链智能化管理，并帮助其完成数字化转型。在智能仓储上，随着这几年机器人自动化技术的成熟，安吉物流在各个项目现场通过一些机器人和自动化设备来替代传统人工作业，包括采用一些自动化搬运技术、拣配技术、自动化立体仓库等。在智能运输上，安吉物流通过订单的平衡，为客户提供循环取货方式，然后通过人工智能排程实现路线的优化，从而提升运输效率，降低运输成本。在智能调度上，安吉打造了"超级大脑"，基于一个智能调度平台，可实现很多机器设备跨平台、跨品牌的多层面调度，通过一些优化算法去提升整个设备运行效率。

四、结束语

在内忧外患的汽车物流市场中，安吉物流在公司发展上采取了全局的发展观。在战略层，准确把握优势的同时争取新的业务拓展，未来，安吉还将跨汽车行业开发供应链垂直新业务，为客户提供多元化、一体化的服务，致力于打造汽车供应链生态圈。在战术层，安吉及时在旧的模式中发现弊端，创造出了新的物流运作模式。在业务层，安吉力图把技术"嵌入"到产品和服务以及工作和生活中。安吉始终重视信息技术对业务的帮扶作用，加快信息系统的构建，不断提高生产力的数字化和创造数字化的生产力，除现有的安吉黑科技、智能仓储、零部件物流的循环取货、"超级大脑"等传统的自动化解决方案外，安吉物流还将向数字化和智能自动化转型。未来的路还很长，属于安吉的发展与变革也不会就此止步。

思 考 题

1. 汽车物流具有什么样的特点？这对企业提出了什么样的要求？
2. 影响企业在汽车物流市场发展的主要因素有哪些？安吉物流是怎样发展自身特色的？
3. 安吉采用了基地化的运作模式后，在行业内将获得怎样的优势？

第十五章　电商物流供应链

随着电商的快速崛起和行业的需求,无论是企业端还是个人端的网络购物都越来越普遍,电子商务物流的需求和要求也在不断提高。企业纷纷涉足或参与电商物流建设,而专注于电商仓储物流的第三方公司在市场行业中也扮演着越来越重要的角色,甚至能够协助商家在终端和渠道端提供广泛的服务。这类企业不仅仅只是提供简单发货的服务,更重要的是需要站在商家的角度去做好仓储库存物流配送的环节,使电商整体运营流程形成良性发展,进一步促进电商的快速发展。

案例 36　每日优鲜的生鲜电商供应链建设

> **案例涉及的基本知识点**
>
> 1. 前置仓,是指一种仓配模式,它的每个门店都是一个中小型的仓储配送中心,这使得总部中央大仓只需对门店供货,也能够覆盖最后一公里。消费者下单后,商品从附近的零售店里发货,而不是从远在郊区的某个仓库发货,致力于将大店的规模化和小店的便利性相结合,追求"既快又好"。
> 2. 供应商关系管理,是指旨在改善供应链上核心企业与供应商之间关系的新型管理机制,它实施于围绕企业采购业务相关的领域,目标是通过与供应商建立和维持长久、紧密的合作伙伴关系,并通过对双方资源和竞争优势的整合来共同开拓市场,扩大市场需求和份额,降低产品前期的高额成本;将先进的电子商务、数据挖掘、协同技术等信息技术紧密集成在一起,对供应商的开发、评价、发展等进行有效管控,能够为企业产品的策略性设计、资源的策略性获取、合同的有效洽谈、产品内容的统一管理等过程提供优化解决方案。

▶ 一、案例背景

每日优鲜于 2014 年 11 月成立,隶属于北京每日优鲜电子商务有限公司,是一家专注于优质生鲜的移动电商。每日优鲜在水果、肉蛋、水产、蔬菜、乳品、饮品、零食、轻食、粮油等 9 个品类布局供应链,连接优质生鲜生产者和消费者,已在北、上、广、深等全国

10个核心城市建立起"城市分选中心＋社区配送中心"的极速达冷链物流体系,为全国数百万客户提供2小时送货上门的极速达冷链配送服务,为用户提供精致的生鲜电商服务体验。2020年7月10日,每日优鲜位列《2020胡润中国10强电商》榜单第10。

二、问题提出

产品本身的特殊属性对生鲜电商供应链提出了更多更高的要求。随着"超市＋餐饮"新零售模式的出现,每日优鲜受到了新的挑战,但也做出了及时应对。了解每日优鲜现有的商业逻辑以及其依据生鲜而搭构的供应链模式显得尤为重要。

三、具体措施

相比于传统零售业而言,生鲜零售模式下的消费者更加个性化,需求呈现碎片性、多样性和及时性特征。在快节奏时代,消费者希望自己的需求能够得到及时满足。因此,在生鲜零售行业,规模竞争的背后,更是运营能力、供应链等方面的竞争,比拼哪个竞争者更懂消费者,能把最匹配的货品送到最需要的人手边,比拼供应链管理能力、成本控制力和服务能力。每日优鲜运营生鲜电商供应链的逻辑主要立足于两个方面:一是依靠物理空间上距离的缩短,越来越近地触及消费者;二是在全品类下再做精选,力图覆盖更多消费需求。针对于此,每日优鲜提出了三招撒手锏,在商品、物流、供应商上进行管理。

1. 商品:全种类SKU优选

每日优鲜坚持认为,在选品上,做减法比做加法难。众所周知,生鲜食材的自然属性导致了其类别本身数量就远远小于日用品。而每日优鲜需要在此基础上进行优选,接着根据生鲜本身的特点和管理的目标进行生鲜供应链的打造。目前每日优鲜共有1 200个左右的SKU,未来将会控制在2 000个左右。这个SKU数,是每日优鲜经过测算得出的:首先品质要足够好;其次,还能利用自己的供应链优势砍掉中间环节成本,做到直采直送;最后,在实际的运营中也证明,这个量级既能基本满足用户日常消费需求,又能够做到品质优选。

2. 物流:"前置仓"提速降本

每日优鲜借鉴电商仓储的五种模式并结合自身业务的实际需求,建立了"城市分选中心＋社区前置仓"的二级分布式仓储体系,其中,前置仓深入社区,每个前置仓覆盖周边半径三公里,在保证了商品的新鲜品质和1小时交付速度的同时,最大化实现了管理效率的提升与相关成本的节约。

3. 供应商:"三零"计划

"三零"计划即"零费用、零退货、零账期",通过这一计划的一站式服务政策改变了传统零售商与供应商紧张的零供关系。"三零"计划主要包括:第一,零入场费和促销费,同时每日优鲜希望供应商能够一次性把价格给到位,追求交易简单,相互信赖的合作。第二,零退货。货物验收合格,到每日优鲜仓库以后,不会因为没卖掉、滞销做一些退货,当然前提是货物始发时要达到每日优鲜的要求。因为严格的品控要求,无论是直接购买的或者其他供应商提供的,只要品质被每日优鲜接受就不会退货。第三,零账期。通过金融方案给供应商提供更快捷的付款支付,每日优鲜可以做到 T+1 的回款。

通过以上"三零"计划的实施,每日优鲜能够保证尽最大可能维护供应商的利益,为双方合作提供基础支撑,同时通过这些措施吸引和发展其他供应商,以此拥有更多更优质的资源,替换不合格供应商,持续保持优质供应商的合作。

四、结束语

每日优鲜依靠着"全品类精选商品+1小时极速达冷链物流+协同化供应商管理"的模式,满足了下游消费者"低价优选"的购物需求,又对供应链的上游供应商进行了有效的管理。依靠资本的输血,每日优鲜已经拥有各类如白领、学生、家庭主妇等用户群体,在生鲜电商的竞争中已经坐上了行业龙头的位置。但生鲜电商内部的战争远远没有结束,未来生鲜的战场会逐渐上升到其背后供应链与供应链之间的竞争。

思 考 题

1. 为什么每日优鲜采取前置仓的模式?
2. 生鲜需要严格把控货物品质,每日优鲜是如何对供应商进行管理的?

案例37　智慧物流助力京东持续发展

案例涉及的基本知识点

1. 自营物流，是指企业自身经营物流业务，建设全资或是控股物流子公司，完成企业物流配送业务，即企业自己建立一套物流体系。

2. 仓配一体，旨在为客户提供一站式仓储配送服务。仓储与配送作为电子商务后端的服务，主要是解决卖家货物配备（集货、加工、分货、拣选、配货、包装）和组织对客户的送货。

3. 智慧物流，是指通过智能硬件、物联网、大数据等智慧化技术与手段，提高物流系统分析决策和智能执行的能力，提升整个物流系统的智能化、自动化水平。

一、案例背景

京东是我国领先的综合型电商企业（自营＋平台），也是全球十大互联网公司之一。从2004年上线，京东就开始自建物流，并以自营商品和物流为核心，通过技术研发和业务驱动，构建了采购、仓储、物流配送、销售等完整的供应链链条。2012年以来，京东坚持包容开放、整合优化、高度协同理念，推动人工智能、云计算、智能机器人等技术在供应链中加快应用，构建了敏捷、开放的智慧供应链体系，形成对企业发展强有力的支撑，使京东从打价格战烧钱的年年亏损状态，逐渐走向了盈利。2016年，京东实现交易额6 582亿元，收入2 602亿元，净利润10亿元，实现首次年度盈利。2017年3月，京东对外发布了智慧供应链战略。京东围绕数据挖掘、人工智能、流程再造和技术驱动四个原动力，将技术创新和供应链创新相结合，形成覆盖"商品、价格、计划、库存、协同"五大领域的智慧供应链解决方案，推动供应链向智能化、可视化、协同化发展。

二、问题提出

第三方物流是目前大多数电子商务企业解决配送问题的主要方式，然而面对顾客需求的个性化、多样化要求，第三方物流的配合不到位又成为制约电子商务企业发展的重要原因。为了更好满足顾客需要，持续提升企业利润，京东商城以其敏锐的视角选择了独树一帜地自建物流，具体原因和做法有哪些？其又是如何不断实现自建物流的建设升级，从而更好地满足客户需要的呢？

三、具体措施

1. 自建物流的选择

京东商城选择自建物流主要是基于以下几点原因：首先，中国的第三方物流企业规模较小，其单一的服务功能无法满足电子商务企业和消费者的需求。其次，第三方物流企业物流管理信息系统不完善，电子商务企业无法对配送环节进行掌控，易造成配送不及时等问题，电子商务企业无法及时对客户满意度进行监管。再者，第三方物流企业配送存在规范性问题，配送员对产品特性的不了解使货品破损问题时有发生。除此之外，保护客户信息，也构成京东自建物流的原因之一。自建物流实现后，京东成为最早推出"211"限时达服务，拥有最大物流配送中心，并试图打造最先进物流中心的电子商务公司。

物流配送模式一般分为自营配送模式、第三方物流配送模式、物流一体化配送模式和共同配送模式。京东在自建物流之后，即选择自营配送模式，并没有完全放弃第三方物流配送模式，相反，京东将两种配送模式合理地进行了结合。

2009年京东宣布成立自己的快递公司之后，在上海投资2 000万元成立快递公司，同时在苏州、杭州、天津、深圳、南京等七个城市开通配送站，由此基本建立了自己的物流系统，有了自身可以依靠的配送队伍。京东商城在2010年获得了100亿元的销售额，对此贡献较大的仍然仅限于北京、上海、广州等经济发达的城市，是因为京东商城在北京、上海、广州、成都这四个主要顾客构成的城市建立了自己的物流体系。随着互联网应用的深入和京东自身业务的发展，其业务阵营已经拓展到二、三线城市，京东欲在全国范围内建立起自己的配送网络，但如果在全国每个二级城市都建立起自己的物流或运输公司，成本将高达数百亿，而大多数电子商务企业选择与第三方物流企业合作完成配送，就是因为自建物流的投资风险及资金的灵活流通问题，这对于京东商城，同样是无法小视的问题。为此，京东在北京、上海、广州之外的其他城市，选择与当地快递公司合作来完成配送任务，这样大大提高了配送的灵活性。另外在配送大家电时，京东又选择与厂商合作，不仅节约了成本，又利用了厂商的知名度达到为京东宣传的目的。除了与第三方物流企业合作，京东还在各地招高校代理，解决了送货难和消费者取货难的问题。

2. 物流智慧化建设

在自营配送物流的基础上，为了进一步提升京东物流的效率，提高京东商城的服务水平和客户的满意度，实现京东与其客户的共同进步，近年来，京东始终紧跟智慧物流时代发展的脚步，充分重视技术创新和技术运用。2020年底，京东已经拥有及正在申请的技术专利和计算机软件版权超过4 400项，其中与自动化和无人技术相关的超过2 500项。在技术的支撑下，京东从预测、自动化补货、仓配一体、供应链可视化等多个方面不断对物流进行智慧化改造。

（1）强调销量预测，实现采购定价补货自动化。京东目前服务超过2亿活跃用户，超过1万家活跃供应商，每月采购订单达200多万单。京东开发智能需求预测系统，着力解决"卖什么、卖多少、怎么卖、多少钱、投多少"五大核心问题,全面提升应对市场变化、消费者需求的快速响应和决策能力。

一是利用人工智能模型和运筹学智慧选品,决定卖什么、以多少钱卖。京东通过人工智能算法建立智慧选品决策平台,从产品生命周期、流行趋势、竞争形势等多维度评估商品特征和价值,从海量商品中挑选出潜在爆品,提前预知用户购买什么样的商品、什么样的价格买得到,找到用户和价格的关系,测算用户价格弹性,实现系统自动化动态定价,更好地进行商品选择、价格优化和库存平衡。

二是利用智能补货系统实现自动化补货、优化库存。京东智能补货系统根据销量预测、备货周期、送货时长、安全库存以及供应商的仓库支援关系等,预测商品未来28天在每个仓的销量,使商品现货率保持在90%以上。截至目前,自动化商品补货在消费品、服饰家居、大家电、3C数码四个核心品类中基本覆盖全采购场景,消费品和服饰家居两个品类无人监管的全自动化采购订单达到50%以上。

(2)推动仓配一体化和全面智能化。物流是供应链管理的核心,京东拥有全国电商领域最大规模的自建物流体系,是全球唯一拥有中小件、大件、冷链冷藏仓配一体化物流体系的电商企业。截至2021年3月,京东物流是国内唯一拥有"中小件、大件、冷链、B2B、跨境众包"等六大网络覆盖100%区县的物流企业,自营配送全国人口99%覆盖,物流运营超过1 000个仓库,包含京东物流管理的云仓面积在内,京东物流仓储总面积超过2 100万平方米;国外拥有"双24小时"网络通路,30大供应链节点,近千条国际干线。曾屡遭质疑的自建物流重资产模式,现如今却已经成为京东最重要的核心竞争力。

在智慧供应链物流领域,京东一是着力于实现"仓配一体化",实现仓储网络和配送网络无缝融合。自主研发仓库管理系统、仓库控制系统、分拣和配送系统,实现仓库自动化管理,定制小型集装箱,提高搬运效率。利用创新协同的车辆管理系统、GIS信息系统实现智能路径规划运输。运用云计算、大数据对消费者画像,预测每个小区、办公楼日配送量,优化配送网络。设计无人机、定制移动自提车满足城郊、农村等偏远地区配送需求。推出211限时达、夜间配和定时达服务,在2020年,京东物流助力约90%的京东线上零售订单实现当日和次日达。二是推动物流全面智能化。一方面,京东利用无人机、无人车、无人仓等现代化物流基础设施设备实现智慧化作业,90%以上的操作已经实现自动化。另一方面,利用人工智能算法和大数据感知网络,使物流场景数字化、决策智能化,极大提升物流效率。

(3)运用技术实现供应链全程可视化。可视化是利用信息技术将供应链信息以图形化的方式展示出来,可以有效提高整条供应链的透明度和可控性,降低供应链风险。京东利用EDI、RFID、GIS、条码等技术,推动了订单、物流、库存、应用可视化。企业客户利用GIS系统,可以实现站点规划、车辆调度、GIS预分拣、北斗应用、配送员路径优化、配送监控、GIS单量统计等功能,个人客户利用GIS系统可以获得LBS服务、订单全程可视化、预测送货时间,实时了解货物位置和状态。同时,京东利用仓储管理系统,高效摆放产品、及时更新库存信息,实现仓库可视化管理,提高了仓储环节的敏捷性和精确度。

（4）开放共享，供应链上下游深度协同。开放共享、深度协同是智慧供应链高效运转的基础和保障，为此京东建立了智慧供应链开放平台——诸葛智享，商家及供应商可以在平台上获取存货布局、库存健康诊断和建议，实现库存商品布局、补货、调拨、滞销清理的全面自动化，提升商家供应链智能化管理能力。京东在2014年与美的开展的供应链协同合作，基于EDI电子数据交换技术，实现数据有效及时共享，构建了从计划到预测、补货等多个流程的全面协同。美的能够实时了解在京东平台的销售和库存数据，从而提高商品预测能力和计划准确性，降低库存率和缺货风险。此外，京东还与达能、联合利华、李宁、良品铺子、网易严选等众多品牌企业进行供应链协同。在生鲜物流领域，京东在供应商库房旁边设立"协同仓"就近发货，通过两仓协同、优化供应链，减少了流通环节，有效确保生鲜品质。

四、结束语

有了京东自营配送模式的支持，京东才能成功推出"211"限时达服务，高效率的客户服务获得了更高的客户满意度，订单量也因此呈上升趋势。京东商城两种模式的结合，自营模式提高了配送速度，节省了仓储成本、采购成本，对客户满意度能进行更好地监管，满足了京东的深度发展；第三方物流模式节省了运输成本，增强了配送的灵活性，使京东适应在各个地区的广度发展。可以说，京东的这一大胆创举与成功运营为我国电子商务企业突破行业瓶颈提供了范例。同时，京东不断推进技术研发和运用，提高其自营物流智慧化建设水平，让物流效率实现了质的飞跃。在将来，京东也会坚持"体验为本、技术驱动、效率制胜"的核心战略，聚焦于健全物流和供应链服务能力、提升网络效率和标准服务能力、强化科技领先能力，更加深入落实技术研发和运用能力。一方面，京东会加快技术与产品的研发，除了无人技术之外，随着5G、区块链、人工智能的兴起，研发部将针对这些新科技在物流领域开展更加深入的探索和研究；另一方面，京东将通过技术手段对消费者行为进行洞察，优化供应链效率，使库存和补货更加智能高效，并搭建5G技术在智能物流方面的典型应用场景，从而带领京东走向更成熟和美好的明天。

思 考 题

1. 京东商城物流配送模式的选择基于哪些原因？
2. 京东在智慧供应链物流方面有哪些主要的做法？
3. 谈一谈京东物流带来的启示及电商物流未来的发展方向。

第十六章　食品生鲜物流

食品物流是食品流通,但随着经济的发展,它所指的范围非常广泛,包括食品运输、储存、配送、装卸、保管、物流信息管理等一系列活动。食品物流相对于其他行业物流而言,具有其突出的特点:一是为了保证食品的营养成分和食品安全性,食品物流要求高度清洁卫生,同时对物流设备和工作人员有较高要求;二是由于食品具有特定的保鲜期和保质期,食品物流对产品交货时间即前置期有严格标准;三是食品物流对外界环境有特殊要求,比如适宜的温度和湿度;四是生鲜食品和冷冻食品在食品消费中占有很大比重,所以食品物流必须有相应的冷链。

案例38　光明乳业的冷链生命线

案例涉及的基本知识点

冷链,是指根据物品特性为保持其品质而采用的从生产到消费的过程中始终处于低温状态的物流网络。

一、案例背景

目前,随着乳制品消费群体的增加、生产规模的扩大、物流配送范围的扩展,我国乳制品行业的飞速发展和滞后的冷链物流体系形成鲜明对比,我国冷链物流水平远低于外国。落后的原因很多,最为突出的原因是冷链物流成本高、缺少专业的第三方乳制品冷链物流企业以及缺乏相应的行业标准。

光明乳业股份有限公司是由国资、外资、民营资本组成的产权多元化的股份制上市公司,主要从事乳制品的开发、生产和销售,奶牛和公牛的饲养、培育,物流配送,营养保健食品的开发、生产和销售。公司拥有乳品研发中心、乳品加工设备以及乳品加工工艺,形成了消毒奶、保鲜奶、酸奶、超高温灭菌奶、奶粉、黄油干酪、果汁饮料等系列产品,是目前国内最大规模的乳制品生产、销售企业之一。光明乳业获由亚太质量组织颁发的2019年度"全球卓越绩效奖"(世界级),成为中国乳制品行业中第一家也是唯一获此殊荣的企业。光明乳业引领行业创新突破,首创国内生牛乳空运模式,与消费者共同见证国内鲜奶制造新业态,光明乳业领鲜物流成为唯一连续三届服务中国国际进口博览会的食品供应保障配送的物流企业。

二、问题提出

早在 1992 年,光明乳业就从法国引进了牛奶保鲜的概念,开始在生产中提出冷链要求,自此,光明乳业对冷链系统的建设日益精进。冷链是一项复杂的系统工程,为达到以低成本满足高服务水平,进而促进销售的目的,需要供应链之间高度的协调、畅通的信息流通和高效的运作等。目前光明乳业已建立起一整套完善的冷链系统,并以此来全面保证产品质量。

三、具体措施

光明乳业在业内很早就开始着手冷链系统建设,同时也敏锐地意识到了信息流对于商流和物流的促进作用。1999 年光明乳业就开始推行 ERP 项目,2003 年由光明物流事业部单独成立上海领鲜物流有限公司,正式成为中国最大的冷藏物流企业之一。通过对整个物流系统的有效规划,常温工程、冷链工程的相继建设和有效运作,光明的冷链生命线一直为消费者输送着新鲜。冷链系统是与科技进步息息相关的,光明采用世界先进的机械化挤奶设备和恒温冷藏系统,牛奶一挤出来就能将温度控制在 4℃ 以下,装入冷藏奶槽车送到工厂,奶槽车可直接与加工管道连接,加工完成的产品都放在物流配送中心的冷库里。在进行配送时(图 16-1),冷藏车与冷库门廊相接,产品始终处于维持其品质所必需的可控温度环境下。2010 年开始在上海市推行的送奶上门服务中,都采用了恒温送奶车和密封奶箱。光明乳业免费为订奶消费者安装"不怕热"奶箱,在为社区奶站送奶的过程中,不但在送奶车中安装隔热内胆和冰袋,在消费者的奶箱里也安装了隔热内胆,让消费者喝到的牛奶真正实现全程低温冷藏。

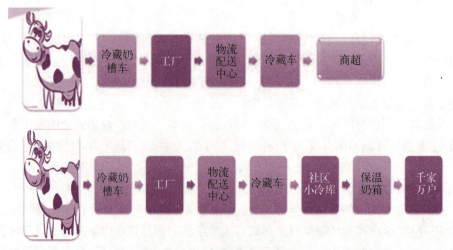

图 16-1 光明乳业配送示意图

冷链配送的货物一般都具有易腐性和时效性，乳制品就具备这两个特性，因此在乳制品的整个物流过程中，冷链将是其产品质量的保证。针对光明乳业来说，首先，它投入了大量的精力、高昂的成本来保证其产品的冷链不"断链"。其次，我国能提供专业冷链物流的第三方物流企业不多，夏晖物流、中外运冷链和光明乳业下属的领鲜物流等是业内较为有名的企业，它们一般都是从普通物流企业转型而来，只有光明乳业的领鲜物流是由做乳制品的冷链起家，经过多年发展成为专业且能提供高品质服务的企业。光明乳业冷链系统的成功建立，与这一切是密不可分的。

四、结束语

随着经济的发展和人民生活水平的提高，人们对乳制品的品质要求会越来越高，而层出不穷的食品安全问题却与消费者的期望背道而驰，就连冷链系统相对完善的光明乳业也经常为此困扰不已。这意味着现在企业所能提供的物流平均水平与市场对乳制品以及食品物流的需求还有很大差距，企业需要以市场为引导、以提升自身能力为目标，并以国家的相关行业政策为契机，为消费者提供绿色、环保、优质、安全的产品。

思 考 题

1. 简述乳制品企业发展冷链物流的必要性。
2. 乳制品企业发展冷链物流需要哪些条件？

案例 39　美菜网：推进生鲜物流体系建设

> **案例涉及的基本知识点**
>
> 1. 供应链金融,是指银行围绕核心企业,管理上下游中小企业的资金流和物流,并把单个企业的不可控风险转变为供应链企业整体的可控风险,通过立体获取各类信息,将风险控制在最低的金融服务。
> 2. 冷链物流(cold chain logistics),泛指冷藏冷冻类食品在生产、贮藏运输、销售到消费前的各个环节中始终处于规定的低温环境下,以保证食品质量,减少食品损耗的一项系统工程。它是随着科学技术的进步、制冷技术的发展而建立起来的,是以冷冻工艺学为基础、以制冷技术为手段的低温物流过程。
> 3. 生鲜产品电子商务,简称生鲜电商,指用电子商务的手段在互联网上直接销售生鲜类产品,如新鲜水果、蔬菜、生鲜肉类等。生鲜电商随着电子商务的发展大趋势而发展。
> 4. 库存量单位(stock keeping unit,SKU),即库存进出计量的基本单元,可以用件、盒、托盘等为单位。SKU是对于大型连锁超市DC(配送中心)物流管理的一个必要的方法。现在已经被引申为产品统一编号的简称,每种产品均对应有唯一的SKU号。

一、案例背景

目前,我国生鲜电商发展水平和规模仍处于初级阶段,整体规模较小,消费群体和市场规模不大,除拼多多、京东等电商大鳄有着较先进的体系和管理之外,很多中小型企业的物流信息化程度和信息交互不够,大多处于优化中的初级阶段。消费者对生鲜农产品的需求日益增加,为生鲜物流的发展提供了广阔的发展空间。

美菜网为目前中国最大的农产品移动电商平台,成立于2014年6月6日,定位为餐饮食材行业的B2B平台,通过全程精细化管控采购、仓储、物流、商品品控、售后等各个环节,为中小餐厅提供食材采购服务,并通过这些需求撬动现有的农产品供应链,整合仓储、物流资源,走向产地,对接蔬菜、肉、蛋、米面粮油、酒水饮料、调味品等生产商及农业基地。美菜网对整条供应链建立起了较强的控制能力,为下一步提高服务的品质和效率打下了良好基础。

二、问题提出

中国农业的传统格局中,农产品的生产和消费两端的主体分布都极为分散,本来交易成本已经极高,加之中国食品消费方式和西方相比,更为多元和个性化,对食材的某些特征和品质的要求要比西餐食材复杂得多,客观上增加了SKU,使得中国餐饮食材的B2B服务市场交易成本较高。

传统的批发市场流通体系,是在缺乏专业的信息管理系统、仓储配送基础设施和现代消费习惯下的最优解,但随着互联网技术和设备的普及,仓配设施的逐步建立和消费水平的升级,传统的流通体系日益无法满足市场的需求,由于农产品生产消费原有结构存在固有问题,批发市场体系不得不牺牲一定的效率,客观上造成了较高的成本。这些成本主要包括:原产地品控缺失、物流损耗、交易链条长、价格波动风险等,具体表现为产品品质参差不齐、品类规格单一、难以标准化、食品安全缺乏保障、多次分拣浪费、流通加价较高、市场价格波动大以及结构性过剩造成的农产品滞销。美菜网在意识到中国传统农产品批发市场的流通体系弊端后,采取积极的措施,不断创新,将互联网信息技术引入其中,走在时代的前沿,为推动生鲜电商发展,做出了一步步探索。

三、具体措施

(一)改造传统流通体系

美菜网通过"两端一链一平台"建设,全面打通农产品"采仓配销",压缩中间环节,从而推动农业供给侧结构性改革,以规范农产品的标准化。

(二)美菜网农产品供应链基本架构

1. 生产端直采

(1)订单农业提高行业效率。与农户、基地和产地加工商签订采购订单,建立长期合作关系,可以帮助交易双方都有效规避市场风险,提高产品质量,保证整条供应链的稳定通畅。美菜网于2016年6月推出源头大战略,以流通为纽带,服务农民为前提,实现生产有标准,渠道有保障,全面推进对生产端的服务能力,其主要内容包括以下两个方面:一方面,在全国寻找源头合伙人。美菜网利用大数据系统将市场需求反馈给合伙人,既避免货不对市,又保障销路。另一方面,建立基地标准。

(2)参与产品行业标准体系建设。美菜网推出包装前置计划,直接根据需求场景和流通规范来定制初始产地包装形式。这一举措在当下的意义主要在于提高产品标准化程度,降低物流损耗,但长远来看,将意味着美菜网率先参与到产品行业标准体系的建设中,意味着对整个行业发展拥有了话语权。美菜网的叶菜包装前置计划,是在产地将蔬菜按照规定包装规格进行包装,到仓后直接称重贴签,减少仓库分拣打包的压力,提高工作效率。同时,产地装箱后运输,也能减少产品在运输过程中的损耗。目前这一计划已经在部分类别的蔬菜类产品中开始施行。

(3)为供货商提供金融服务。美菜网推出供应链金融产品"美供贷",为美菜网的供货商提供周转资金贷款,利息比市场上供应链金融的平均利息略低。这一举措不仅缓解了供货商的短期资金短缺问题,也盘活了美菜自身的现金流,提升了产业链的整体效率特别是资金使用效率。

2. 派送端直达

（1）物流团队建设。在物流团队的管理方面，美菜网采用军事化管理方式，严格组织工作规程，用严密的科层制管理制度与激励制度来保证服务质量。随着公司发展，美菜网也没有停下自建物流配送体系的脚步，特别是将加快布局生鲜行业的最大痛点——冷链物流体系，投资冷链车，改造冷链仓储设备，将加速建成无缝一体化的冷链物流体系。

（2）通过信息技术确保时效性、标准化，降低损耗。美菜网自主研发并全面推广使用 WMS2.0 仓储管理系统和 TMS 物流管理系统，对仓储物流进行全流程信息化监测管理，有效提升现场作业的效率，一方面减少人工成本，一方面减少了人为错漏，还为平台沉淀了大量的交易、仓储物流数据。

① 库存管理方面。入库前，美菜网会对商品进行入库质量检验，对商户资质进行检验，并对商品进行分拣，确保产品质量。入库后，则根据商品性质和外部温度，分别存入常温库、恒温保鲜库和冻库等三个温区库，进行有效保鲜。美菜网还推行蔬果类产品的包装前置预加工计划，即由供货商在产地根据用户和物流的需要，对商品进行预加工和分拣包装，然后直接接入物流系统，一站到达用户手中。包装前置能减少蔬果在物流中转和二次分拣加工中造成的损耗，保持新鲜程度。在库内周转环节，所有的商品特别是生鲜类商品，会根据品类进行分离放置，减少挤压造成的损耗。同时，会不定时地进行包裹抽检、装车抽检，发现损坏的商品将进行现场更换，降低不合格产品流出率。

② 商品的先进先出方面。美菜网通过 WMS 和 TMS 系统，从商品入库开始，就通过线上系统记录生产日期、保存天数等参数信息，系统会在作业时提醒操作人员，按日期进行先进先出作业，规避了商品超期损耗问题。

③ 提供全天三个配送时段选择。美菜网为客户提供晨鲜送、下午配和夜间配三个配送时段的可选方案，满足客户的多元化需求和对时效性的需求。

（3）售后服务。由于生鲜产品的特性，美菜网承诺生鲜类（蔬菜水果、鲜肉禽蛋、海鲜水产、冷藏或冻货、面点等）支持 24 小时质量问题退货，而非生鲜类（米面粮油、调料干货、厨房用品等）则支持 7 天无理由退货，既保障了客户的权益，也为自己减少了不必要的损失。另外，美菜网还承诺下单当日 23:00 前拨打客服电话可取消订单，以确保配货工作的有序进行。

（4）为餐厅客户提供增值服务。美菜网正在通过日益形成的大数据优势，为餐饮业者提供更为细致、专业的增值服务。美菜网可根据某个客户的订货历史，分析形成最适合其需求、最为优惠的产品组合，并在客户端推送给该客户，帮助他们减少搜索时间，提高订货效率。能够让众多经营并不专业的中小餐饮业主，"拥有"美菜网这样一支专业的采购物流团队，为其提高了市场竞争力和利润空间。

3. 高效冷链物流网络

美菜网采用自建仓储、配送冷链物流基础设施体系的模式虽然成本较高，但同时也提高了行业壁垒，对竞争对手的进入形成了相当大的压力。同时，美菜网还将通过专业化的管理体系和规模化的成本分摊来降低成本，形成一定的行业垄断优势。

美菜的高效冷链物流网络包括以下几个部分。冷链干线：干线冷链运输保证货物从源头到集散地的损耗控制。冷链仓储：高标准建设及规范性管理达到成本最大化控制的目的，提升利润空间。冷链配送：全程冷链的规模解决了目前生鲜冷链的最大痛点，从客户满意度到成本压缩实现提升。仓储代运营：规范化管理与系统相结合，提高生产效率的同时压缩人工和运营成本。

4. 开放供应商入驻平台

美菜网商城开启"供应商入驻平台"功能。入驻商家可以免费享受美菜网在全国铺开的仓储物流系统，实实在在解决了生鲜电商配送难、规模小的难题。

（1）服务供应商，提高黏性。开放平台由商家自主决定上架商品、自主定价，根据目标商户自定促销方案，更容易掌控利润。这可以帮助商家克服因为地域和季节气候限制，导致的生鲜产品滞销问题。商家入驻前，有美菜网运营和销售团队进行支持，提供产品策划方案。还有专门的后台客服团队，帮助商家解决线上交易的各类问题。

（2）资源整合，发挥平台聚合优势。美菜网自主研发的仓储管理系统和仓配履约体系向入驻商家开放，入驻商家可使用美菜网物流网络，大大节约自营物流成本。随着入驻商家的增多和覆盖范围的扩大，平台的资源整合能力将更强，节约成本、提高效率的效果将更好。

美菜网通过缩短菜品食品供应链，压缩物流流通成本，从而降低菜价，服务民生。通过降低商户供应链成本，减少供应链人力，同时缩短农产品的流通环节，价格从源头到终端至少降低15%—40%，消费者将享受更便宜的农产品。通过搭建城乡通道，打开乡村农业渠道，为农民提供更多的农产品销路。搭建的通道可以减少农民压货风险，降低农民损失，并且可以优化部分种植户、养殖户、食品加工企业的产品销路，从而提高农民收入，帮助当地农村脱贫致富。

四、结束语

通过对物流信息化的建设，美菜网全流程精细化管控，从原材料采购、存储、质检、分拣称重、包装、配送到售后服务，实施有效的全流程质量管理。保证原材料质量安全，过程层层控制，质量人人重视，让消费者远离食品安全隐患，使企业赢得了更多的客户，加强了企业对人、财、物的有效管控，全面有效地管理和整合市场、销售和客户服务，提升了竞争力。

思 考 题

1. 美菜网发展中面临的问题有哪些？
2. 美菜网在供应链上的创新之处有哪些？
3. 和其他供应链相比，农产品供应链更需注意哪些方面？

第五部分 延伸扩展篇

- 第十七章 平台型物流
- 第十八章 物流供应链金融
- 第十九章 逆向物流供应链
- 第二十章 绿色物流供应链
- 第二十一章 物流生态
- 第二十二章 供应链风险

第十七章　平台型物流

案例40　传化公路港物流——物流平台整合运营商

> **案例涉及的基本知识点**
>
> 传化公路港，又称传化公路港模式，是由浙江传化公路港物流发展有限公司的运营方式，通过建设大型公路港平台集聚与整合物流资源，成功实现了物流企业和社会车辆这两大物流主体在平台内"集约化经营、信息化管理"的目标。

▶ 一、案例背景

随着中国经济的高速增长，现代物流业也得到快速发展，物流服务企业的产业集群也应运而生。浙江因其鲜明特色的产业集群而使经济充满活力和市场竞争力，自改革开放以来，根据各地的资源状况、经济基础和产业传统，因地制宜发展起各种具有鲜明结构特色的产业集群，成为物流产业的集聚地。

浙江传化物流基地按照现代物流基地的要求进行规划与建设，是一个具有先进物流设施和经营理念、为第三方物流企业提供专业服务的运行平台，具有经济圈和交通圈的双重优势，集交易中心、信息中心、运输中心、仓储中心、配送中心、转运中心及配套服务功能于一体（图17-1），为工商企业和物流企业提供了一个优质的综合性的物流服务平台。

图17-1　浙江传化物流基地

二、问题提出

相对于基础设施完善、市场主体实力雄厚、运营效率高的国际物流业来说,国内物流,特别是承担国内70%以上货运量的公路物流未得到长效发展。公路枢纽建设不够健全,呈现出松散、低效、高资源浪费率的状态,在我国物流业发展过程中一直拖后腿。然而,要构建完善的交通枢纽却不是一朝一夕的事,而且要耗费庞大的人力物力财力去支持,这对我国现阶段的发展水平还是个不小的考验。

此外,虽然物流业得到一定的发展,但基本上各公司都是各自为政,资源分配松散、信息不对称、市场把控较弱等,这些不合理的状况都严重阻碍着物流行业的发展。传化意识到,随着制造企业市场的快速拓展,仅仅依靠自己的力量无法满足市场需要。

三、具体措施

针对这一行业现状,浙江传化物流基地创造性地扮演"物流平台整合运营商"角色的实践,建立了物流企业资源聚集区,赋予了公路运输板块高效低耗、集成化、信息化管理的时代特征。将本土的智慧和弹性融入第四方物流,以公路运输为依托,针对中小物流企业,按照"物流平台整合运营商"的定位,以"第四方物流"运营模式为核心搭建了创新的"公路港物流平台"。

1. 以"一站式服务"的建设为基础

浙江传化通过建设多个功能中心的组合,整合"物流服务、物流载体和物流需求"三大资源,搭建并提供"一站式服务",构建了一种具有"孵化"功能的物流交易市场,使中小物流企业与社会车辆得以快速集聚和交易,运作效率进一步提升。

传化物流十分重视企业信息化的建设,公司引进物流事业战略信息化驱动的管理理念,以信息化管理手段形成有形无形平台相结合的综合性平台,通过信息化手段创造新的增值服务和价值。

2. 以"生态型"的物流平台整合为依托

浙江传化物流开发了"管理服务、信息交易、运输、仓储、配送、零担快运"六大中心及完善的配套服务功能模块,形成专业化运营的公路港物流服务平台,为吸引、整合、集聚资源创建了一个有形的载体。

3. 进行公路港基地建设

除总部萧山的基地外,传化截至目前已经在苏州、成都、广元、恩施等全国多个地区构建了超63个公路港物流基地,并且其与海康威视合作开发的智能监控管理系统已在苏州、长兴、青岛、沧州四地公路港完成部署。遍布全国的智能公路港作为城市的物流中心,集"传化智慧物流总部中心、产品展示展销中心、商贸物流中心、冷链物流中心、综合服务中心、电商物流中心、智联分拨中心、仓储配送中心"等八项配套服务中心为一体,不仅补足了城市物流基础设施短板,还为制造企业、商贸企业、物流企业、卡车司机等提供了一站式综合性的智能物流园区服务,形成全国化的地面物流服务网。

四、结束语

浙江传化物流基地有限公司通过"传化公路港"的模式,把分散的资源进行整合,不仅实现了各种服务资源的优势互补,全面提高物流运作效率,大大节省了物流各环节的时间和资金投入,降低了物流运营成本,还有效地推动物流行业的转型升级、改善市场环境、促进物流业与制造业的联动发展,有效地解决制造业和物流业供需双方的矛盾,实现良性互动。浙江传化物流基地有限公司通过自身的实践,证实了"物流平台整合运营商"的公路港物流模式是切实可行的,引领了物流业的改革创新。

思 考 题

1. 与传统的物流模式相比,浙江传化物流的模式有何创新?
2. 针对"传化公路港"模式,你认为还有哪些地方需要注意与改进?

案例41　货拉拉:"互联网+同城货运"平台的崛起

> **案例涉及的基本知识点**
>
> 1. 同城货运,是指同城范围内的大重量运输物流。从供应链物流结构来看,同城货运从属于运输配送环节;从地域维度划分来看,同城货运从属于同城配送业务;从货物类型维度来看,同城货运从属于货运(相对于快递)业务。
> 2. 定位服务(location based services,LBS),是指利用各类型的定位技术来获取定位设备当前的所在位置,通过移动互联网向定位设备提供信息资源和基础服务。
> 3. 应用程序接口(application program interface,API),又称为应用编程接口,是一组定义、程序及协议的集合,通过API接口实现计算机软件之间的相互通信,而开放的API可以让网站和应用提供的服务拥有更大的用户群和服务访问数量。

▶一、案例背景

"司机找货难,货主找车难",传统货运方式存在效率低、成本高、不透明等种种痛点,呼唤了新型货运模式的到来。货拉拉作为一家创立于2013年,从事同城/跨城货运、企业版物流服务、搬家、零担、汽车租售及车后市场服务的互联网物流商城,它以平台模式连接车货两端,通过共享模式整合社会运力资源,完成海量运力储备,并依托移动互联、大数据和人工智能技术,搭建起"方便、科技、可靠"的货运平台,实现多种车型的即时智能调度,为个人、商户及企业提供高效的物流解决方案。截至2021年3月,货拉拉业务范围已覆盖363座中国城市,平均月活司机58万,月活用户达760万。

▶二、问题提出

近年来,在移动互联网热潮的推动下,一批针对社会资源整合运营的同城货运平台开始崛起。在以前传统的货运市场中,物流资源分散,供需信息不对称,车找不到货、货找不到车,返程空驶率高、司机收入低一直是传统物流行业的痛点,而货拉拉作为同城货运平台的典型代表,它是如何通过"互联网+同城货运"平台的搭建来解决这些行业痛点的呢?

▶三、具体措施

1. 整合零散资源

长期以来,存在于城市中并满足相当一部分货运需求的车辆,为城市物流提供不可或缺的补充。但是由于这部分车辆绝大部分属于个体所有,存在"小、散、乱、差"的特点,在解决城市配送问题的同时,也存在难以监管的现实问题。货拉拉在 LBS 技术的支持下,通过整合社会运力资源,搭建起了专业的"互联网＋同城货运"交易平台,统筹分配海量货源,让有货运需求的人们更方便地找到货运司机,也让货运司机在 APP 上能及时找到货源,提高司机的运货效率,彻底改变以往零散的工作方式。就像原本的"黑车"司机摇身一变成为快车司机一样,原本拉散货的司机纷纷加入平台,并通过标准化使它们成为着装标准化、车贴标准化、服务标准化的产业运力。整个市场也迅速从分散、混乱、低效的状态,进入相对集中、有序和高效的状态。

2. 开辟多元化的业务场景

作为互联网物流商城,货拉拉通过共享模式整合社会运力资源,实现多种车型的即时智能调度,目前提供着同城/跨城货运、企业版物流服务、搬家、零担、汽车租售及车后市场服务。同时,根据不同合作方的业务需求,货拉拉为其建立了可供选择配置的开放平台 API 应用,可以适应多元化物流场景,包括平台标准货运业务 API 接口和企业办货运业务 API 接口,各自的业务特点及适用场景如表 17-1 所示。

表 17-1 货拉拉 API 应用业务特点及适用场景

	标准货运业务	企业版货运业务
API 接口	平台业务 API 接口	企业版 API 接口
业务特点	接口标准化程度高 业务流程清晰、便捷 提供有竞争力的服务价格	专业用车和定制化服务 提供免费货保和增值税发票 先用车、后付款,可申请免息账期
适用场景	第三方平台、ERP 软件商、ISV 服务商、企业自用车	定制化服务需求的中大型企业、3PL 供应商

3. 打造智慧大脑

为了有效满足多业务场景的需求,货拉拉打造了"智慧大脑"系统,为互联网物流提出了高效的数智化解决方案——即在 AI、大数据和地图等基础能力之上,通过自主研发的运筹优化算法框架解决核心的资源优化配置问题,并利用统一框架打造分单、供需、营销、定价等多个引擎,实现动态定价、智能分单、运力调度、用户拉新的效率提升(图 17-2)。在拉货、搬家场景中,货拉拉的智能分单系日均可处理几十万订单与国内平台超过 44 万名司机之间的即时分配问题。通过"智慧大脑",货拉拉能够分析用户和司机的精准画像,并对司机接单意愿和车货供需情况实时进行数据分析,从而实现更精准的即时智能调度。

4. "人＋车＋货＋路"数智化提升

货拉拉通过布局人车货路的数智化,提升了物流效率和安全性。其运用车联网(IoT)设备获取更多车辆实时信息,结合获取数据和机器学习算法,提升人员驾驶、车辆行驶和货物的安全性,强化了对司机的服务流程管理。而关于道路的数智化水平提升,货拉拉不断提升自有的地图能力,在图商的基础之上,融合传统的地图技术和深度

图 17-2 货拉拉"智慧大脑"

学习技术，充分利用自有的海量货运导航数据，打造出了定位、POI 检索、路径规划、导航和前端封装等能力。此外，货拉拉目前已经在采用 AR 技术对三维物体进行识别与体积测量并已取得初步成果，有望在不远的将来落地，此举也将有效提升车货匹配数智化水平。

在"互联网+"的支撑下，货拉拉搭建起了"互联网+同城货运"的物流平台，通过整合零散资源、开辟多元化的业务场景、打造智慧大脑、"人+车+货+路"数智化提升，有效解决了传统同城货运的痛点问题。货车司机们的工作模式从线下苦苦"趴活"转为线上一键"抢单"了，而"有、快、好、平"也成为大多数货主对货拉拉给出的关键词。一键下单后，平台共享 48 万活跃司机，30 秒内就有司机接单，这是"有"；附近接单车辆 5 分钟内就能到达接货地点，这是"快"；平台司机受过系统性培训后才上岗，服务标准统一，这是"好"；收费标准化、透明化，告别传统货运的坐地起价，这是"平"。

四、结束语

物流的关键壁垒在于效率，而在互联网的时代下，就要求物流行业跟随时代发展的脚步，充分利用互联网时代下的新兴技术和实现技术运用升级，打造智慧物流，发挥出物流的更大价值。

思 考 题

1. 传统的同城货运存在哪些问题或是痛点？
2. 结合案例，谈谈货拉拉是如何解决行业痛点的？

案例42　壹米滴答：平台型快运物流"黑马"

案例涉及的基本知识点

1. 快运，快运的对象一般重量数量体积上都比快递的运输对象大；传统运输是点对点的运输，局限于火车站、机场、货运市场或指定的集中收货场地，快运则以做门到门服务为主要产品，直接送到终端收货人手中。

2. 平台，是一种虚拟或真实的交易场所，平台本身不生产产品，但可以促成双方或多方供求之间的交易，收取恰当的费用或赚取差价而获得收益。

一、案例背景

壹米滴答成立于2015年，是一家专注于为客户提供高性价比产品服务的综合型物流网络平台企业，主营全国公路快运业务。"壹米滴答"一名涵盖了物流的两个核心价值，即空间价值和时间价值。从本质上而言，物流是通过对物的时间状态和空间状态进行转换而创造价值的服务，在物流运输的空间维度上，单位最小距离为"壹米"；在物流活动的时间维度上，单位最小的刻度为秒，"滴答"即秒针跳动一次的节奏。"壹米"象征着空间上物流中通用最短距离，"滴答"代表时间上最小的刻度，意为"让每一米、每一秒都更有效率"。

壹米滴答以"客户首选的、基于物流的综合服务平台"为愿景，首创"网络众筹、运力众包"的运营模式。其以区域联盟起步，把各自独立的省内网络"B网"进一步向外扩张并结合自建，形成全国性快运网络的"A网"，最终形成A、B两网融合的创新商业模式。依托于壹米滴答强大的骨干网，截至2021年2月，其网络已经覆盖全国33个省级行政区，实现华东、华北、华南全面自营构建市场铁三角，深入三至四线城市。拥有近15 000家网点、1 200多条干线、1 500多台车辆、100多个分拨中心、近150万平方米的操作面积，一二级城市覆盖率100%、区县级覆盖率95.7%，全国员工12 000余名，是全国拥有干支线数量和货量均领先其他同行的零担物流网络平台。

二、问题提出

2014年之后，随着中国经济发展步入转型调整期，新的商业模式和物流业务不断出现，对现代物流市场的发展提出更高的要求。但是，一方面国内物流市场结构极度分散，物流市场的主体是几十万家中小物流企业，面临着发展方式落后、运营成本高、组织效率低、应对风险能力差等种种问题。随着近几年经济下行压力的不断增加，传统物流业务的货运量比往年下降三成以上,越来越多的中小物流企业主动选择"抱团取暖"以度过寒冬,联盟和合伙成为传统物流市场的新趋势。

另一方面,"合伙人"或"加盟制"在零担物流企业如德邦、顺丰、佳吉等大行其道,其主要依靠自身强大的品牌资产和资本实力来推动业务网络布局,在内部推行服务和管理操作的标准化。其实质是通过企业组织架构变革打造私有化的直营物流商业网络体系,预示着市场正在推动行业集约化、整合化的快速到来。这种变革要求专线企业本身具有广泛的品牌认同度和资源整合能力,然而以区域发展为主的大量中小专线企业并不具备这些能力。

同时,在资本助推下,互联网和科技在商业网络和物流领域的渗透越来越深入,企业客户和个人客户的需求越来越多样、对物流服务的质量要求越来越高,不断涌入的新竞争者加剧了物流市场的竞争,区域型的物流市场逐渐被大型的全网型企业蚕食。而且伴随着移动互联的普及和电商经济的快速发展,三四五线城市购买力快速增长,增长率远高于近两年一二线城市,日益变化的客户需求对三四线城市的物流网络和服务质量提出了更高的要求。但与此同时,面对全国型网络公司的冲击、跨界者的争夺,区域物流不同程度都面临专业市场萎缩、产品结构相对单一、信息流缺失、人才梯队建设薄弱、经营成本逐年上升等现状。

很多区域物流企业和专业公司都有一种共识:即自身专线企业发展到一定阶段后会有遇到"天花板"的感觉,虽然在区域内的运力市场地位暂时相对稳固,但寻求进一步的突破和提升才能做大做强,尤其是行业市场变化带来的危机感越来越紧迫。物流的本质特征就是网络化,对于物流企业而言,有大网络就有大市场,有小网络就有小市场,没有网络就没有市场,从分散走向联合已经成为越来越多物流专线突破发展天花板、谋求进一步发展和做强做大的共识。

基于这些物流企业谋求发展的迫切需要,以及各线城市客户对物流网络和服务的更高要求,壹米滴答迅速抓准了入手点,6家具备省县直通能力的区域龙头企业(陕西卓昊、山东奔腾、湖北大道、东北金正、山西三毛、四川金桥)突破性地采用"合伙+加盟"的方式共同创建起了壹米滴答平台,以大平台整合小平台,力图打造一张"去分拨中心"的全国网络,实现物流企业的共同发展和客户需求的有效满足。壹米滴答自2015年成立以来,连续多年完成和收获了数轮融资,2016年A轮和A+轮融资过亿,2017年B轮融资3亿元,2018年C轮融资5亿元,2019年完成由博裕资本领投,厚朴投资、普洛斯隐山投资、源码资本跟投的D轮18亿元融资,2020年完成近10亿元D+轮融资。

站在物流业智慧化发展的背景下看物流企业发展,壹米滴答采取了哪些措施,才让它具备怎样的吸引力和发展潜力能够聚集多轮融资呢?

三、具体措施

1. 布局物流网络

(1) AB网协同运作。在最初6家具备省县直通能力的区域龙头企业(陕西卓昊、山东奔腾、湖北大道、东北金正、山西三毛、四川金桥)的基础上,壹米滴答不断吸引更多的区域中小物流企业和专线企业加入壹米滴答的平台当中。壹米滴答采用"组网"的方式,将汇聚起来的专线企业用于串联省级的分拨中心,形成了省际 A 网;利用各省(区、市)内的区域物流企业的网络自愿进行整合,打通了省(区、市)内的乡县道路,形成了省内 B 网,如图 17-3 所示。

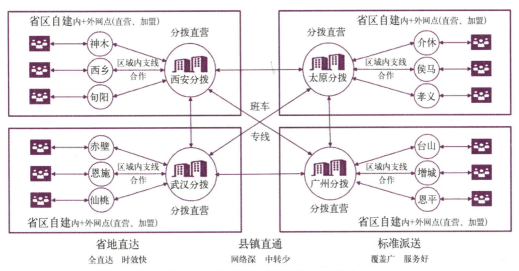

图 17-3 壹米滴答全国网络布局模式

A 网通过省际网络化布网,主要为 B2B 客户服务,一般从经济带向非经济带为主流向,产品更多地以重量段、时效性来划分。B 网则在各省(区、市)区域公司的基础上,为省内 B2B、B2C 客户提供服务,产品更注重高时效、点点直通和增值,显著特点是夕发朝至和高占比的代收货款服务,其主要流向是从省会城市到省(区、市)内各区县、乡镇。

2018 年前,在壹米滴答物流网络所覆盖的省(区、市)中,16 个省(区、市)以区域网络(B 网)为主,而另外有 12 个省(区、市)以比较鲜明的省际网络(A 网)模式运行。2018 年后,壹米滴答开始全面推进 AB 网协同,即 A 增 B、B 升 A,以 A 网为主的省(区、市)快速推进省(区、市)内 B 网模式落地,以实现省(区、市)内两网互通、省(区、市)内直达;一直以 B 网为主的省(区、市),通过省(区、市)内运营平台升级兼容 A 网运营,最终实现运作模式不同的两张网络协同,实现区域网络稳步迈向全国网络的整合,形成壹米滴答的核心竞争力。

(2) 收购优速,发力 C 网。2019 年,壹米滴答收购优速快递。在优速并入壹米滴答集团后,以优速为代表面向 C 端的大包裹快递网络形成了"C 网"。C 网注重的是产品能力,在现有"330 大包裹"为核心的产品优势上。在壹米滴答集团网络里,快运省际网即 A 网,快运区域网即 B 网,快递网即 C 网。此时,壹米滴答的 A、B、C 三网产品独立相互支撑,融合共享,实现降本增效。未来优速将进行全段的重新量化,打造"3—10""10—30""30—70""70—150"等千克段产品。通过这种细分,更精准地对应电商市场、专业市场、时令产品市场,进而快速提升市场份额。

2. 扩展服务体系

壹米滴答始终坚持以客户为中心，随着 ABC 网的扩张、客户类型的增加，为了使服务覆盖更多的客户群体，并满足客户个性化的需求，壹米滴答的服务产品体系的范围逐步扩大和深度愈加细化，主要包括了壹米滴答快运和优速快递两个产品服务体系，详细的服务如表 17-2 所示。

表 17-2 壹米滴答服务产品体系

产品体系	客户群体	服务类型	服务项目
壹米滴答快运	B 端、B2B 和 B2C 电商平台客户	基础服务	壹诺达、壹米小件、滴答到门、标准快运、壹米重货、次晨达
		增值服务	代收货款、保价运输、签收回单、送货上门、安全包装、短信通知
优速快递	C 端客户	基础服务	U3(0—3 kg)、U10(3—10 kg)、U30(10—30 kg)、U70(30—70 kg)、U150(70—150 kg)
		增值服务	保价服务、代收货款、运费到付、签单返回、入仓服务、送货上楼

推出"壹诺达、壹米小件、滴答到门、标准快运、壹米重货、次晨达"等主营产品；同时提供代收货款、保价运输、签收回单、送货上门、安全包装、短信通知等增值产品，为客户提供定制化服务。

3. 搭建信息网络

壹米滴答坚信"作为平台型物流企业，IT 系统运营是重中之重"，从成立之日起，壹米滴答就投身于 IT 系统的研发中，公司为此投入了 150 人的技术团队，研发人员占了总公司员工的一半。壹米滴答根据发展战略和运营模式的需要，自主研发了其核心的业务管理系统——银河系统，如图 17-4 所示。

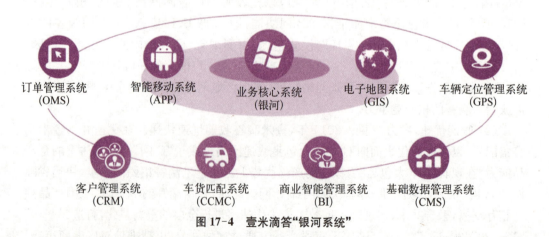

图 17-4 壹米滴答"银河系统"

"银河系统"中包括核心业务系统、智能移动系统、电子地图系统、订单管理系统、客户管理系统、车货匹配系统、车辆定位管理系统、商业智能管理系统、基础数据管理系统等。壹米滴答采用了"互联网/移动互联网＋大数据"的技术体系，在平台底层形成一个业务"服务云"，让不同业务单元按需组装，通过技术连接不同业务环节的大数据，实现业务和行业协同，为企业和行业赋能，构建一个业务"立体网"。同时，壹米滴答以"运营标准化、经营个性化、管理智能化"的理念，全面支撑公司的业务快速发展。针对壹米滴答领先于行业、差异化的 A、B 网不同市场、客户需求，及平台型管理体系制定了 3 种定价策略，2 大结算体系，支持多产品、多级结算，支持 8 项付款方式，28 项增值服务，业务系统通过数百个配置，支持业务通过灵活的配置快速实现不同的业务模式。从移动端到 PC 端，从基础作业管控到 BI 分析，覆盖业务全生命周期，为公司 A＋B 网络业务发展提供全面、灵活、高效的解决方案。

近来，在原有"银河系统"的基础上，壹米滴答还自主研发推出了场站管理系统、路由管理系统、全程时效管理系统、逆运算管理系统、全链路监控系统、管理驾驶舱、壹网通 APP，扩充了"银河系统"中的系统模块和服务功能，方便各业务条线开展工作之余，通过大量的业务管理模型，对数百个业务指标进行全面的监控，及时对异常进行预警，并通过移动端向各级管理人员进行透传，进一步为公司业务的高速发展保驾护航。

4. 平台智慧化升级

为了紧跟物流智慧化发展的脚步，壹米滴答尝试从"网点数字化、自动化投入、系统共享和车队智慧化建设"四个方面入手，以实现平台整体的智慧化升级。

（1）网点数字化：壹米滴答革新了传统人工录单模式，在全国直营省区上线全渠道自动录单，自动录单成功率可达 96％以上，减少了错分错发。同时，在网点推出全新扫描解决方案，接入蓝牙扫描仪、电子秤等物联网设备，打造全链路揽派管理。

（2）自动化投入：壹米滴答已升级或新增投入更多场内自动化分拣设备、装卸操作设备，目前绝大部分设备已进入设计和制造过程中。

（3）系统共享：壹米滴答，打通快递、快运系统一体化操作，升级优化区域网 GIS 地图，全面普及三段码，升级网点参谋门户管理看板＋移动管理参谋等，在信息采集、汇总、传递、分发、比对、告警的全链条方案上，全程投入科技力量。并依托数据预警、货物追溯、统一调度智能化，全面实现智慧运营。

（4）车队建设：壹米滴答与业界领先的智慧物联网公司 G7 合作，通过 G7 的智能挂车满足共建车队的需求，实现车挂实时监控，挂车位置、行驶里程的有效管控。同时，运用 G7 基于物联网、AI 和大数据技术构建的智慧物联网平台，壹米滴答共建车队模式围绕物流配送特性，构建了智慧服务体系，实现全程数字化、智能化，打造更加多元化的产品体系。

四、结束语

谁人燃起烛火，执此同路前行。2015 年，由六个物流人引发的一场前所未有的资源聚变，点亮了一颗冉冉升起的物流新星——壹米滴答，汇聚了一群从此坚定同行的事业伙伴。从 6 个伙伴到 16 000 个伙伴，曾经的汗水已成波澜，曾经的星星之火已可燎原。

思 考 题

1. 同为平台型物流企业,试比较货拉拉和壹米滴答的区别。
2. 试分析壹米滴答在物流的智慧化建设中采取了哪些举措。
3. 结合案例分析壹米滴答为何会受到资本的青睐。

第十八章 物流供应链金融

物流金融是物流与金融相结合的复合业务概念,伴随着物流产业的发展而产生,是一种创新型的第三方物流服务产品,它为物流产业提供资金融通、结算、保险等服务的金融业务,也为金融机构、供应链企业以及第三方物流服务提供商间的紧密合作提供了良好的平台,在物流金融中涉及三个主体:物流企业,客户和金融机构,物流企业与金融机构联合起来为资金需求方企业提供融资,使得合作能达到"共赢"的效果。物流金融正成为银行的一项重要金融业务,并逐步显现其作用。

案例 43 中国储运抓住时代的脉搏——物流金融

案例涉及的基本知识点

1. 仓单质押,是指以仓单为标的物而成立的一种质权。它作为一种新型的服务项目,为仓储企业拓展服务项目以及开展多种经营提供了广阔的舞台,特别是在传统仓储企业向现代物流企业转型的过程中得到广泛应用。

2. 保兑仓,是指以银行信用为载体,以银行承兑汇票为结算工具,由银行控制货权,仓储方受托保管货物,承兑汇票保证金以外金额部分由卖方以货物回购作为担保措施,由银行向供应商(卖方)及其经销商(买方)提供的以银行承兑汇票为结算方式的一种金融服务。

一、案例背景

在经济新常态和"互联网+"背景下,信贷环境的变化使得中小企业融资环境日趋严峻,融资成本不断提高。而物流金融业务有利于改善中小企业融资难的困境,提升物流企业的运营效率。物流企业与金融机构协同创新,促进了物流金融业务的发展,成为解决中小企业和实体企业融资难问题的有效手段。为了有效克服传统信贷模式中存在的融资企业与金融机构的信息不对称引发的各类问题,在物流金融服务创新发展过程中,开始引入物流企业作为第三方参与到业务过程中,而中国储运则是较早开设物流金融业务的第三方物流企业的典型代表。

中国储运成立于20世纪60年代初,由原国家经委物资管理总局储运管理局改制建立,隶属于国务院国资委监管的大型中央企业中国诚通控股集团有限公司,是具有近60年历史的专业物流企业,是国家首批5A级物流企业,实体网络覆盖全国主要城市和全球主要经济区域,业务涵盖期现货交割物流、大宗商品供应链、互联网+物流、工程物流、消费品物流、金融物流等领域。资产规模达269亿元,净资产达135亿元的大型仓储物流商。当前,中国储运仓储网络覆盖亚洲、欧洲、美洲等世界主要经济区域;在国内20多个省、自治区和直辖市投资运营了物流园区。形成了立足中国、服务全球的仓储物流服务能力,能够为中外企业的全球化经营提供物流支持。

二、问题提出

目前,我国企业(特别是中小型企业)的流动资本周转率远低于国际的平均水平;同时,企业的库存率远远高于发达国家。企业的库存商品占用了企业的大量流动资金,企业背负着资金周转的负担,对企业的发展起了阻碍作用。而物流金融则可以成功解决资金周转困难的问题,盘活企业的资金,使企业有充足的资金用来采购、生产等,促进企业的健康发展。

我国的物流金融在1991年开始起步,为有效解决由于诚信体系不健全造成的企业融资难问题,中国物资储运总公司(CMST)与银行合作在无锡开始了第一笔简单的存货质押业务。凭借国企背景、雄厚的经济实力在钢铁等大宗原材料物流服务领域具有较强的优势,中国储运公司旗下多个仓库成为期货交易市场指定的交割仓库,为物流金融业务发展奠定了基础。随后,中国储运通过不断地实践和探索,开创出了多种仓单质押融资监管业务模式,并又与银行等金融机构签署协议,业务量逐年上升。十几年来,中国储运累计为5 000多家中小企业提供了金融物流服务,实现累计融资额达到6 000多亿元;业务品种涵盖黑色金属、有色金属、煤炭、木材、石油及制品、化工、农副产品、食品、家用电器等计十六大类,一百多个具体品种;与全国30多家银行总行签订了总对总战略合作协议,与20多家地方银行建立了合作关系;针对客户企业不同需求,业务开发了仓单质押监管、动产质押监管和动产抵押监管等不同模式。同时,中国储运对于客户的情况、信誉以及质押品的特性进行严格把关,以致到目前为止,中储未出现过一起呆账、死账的事件,并经过不断摸索,根据不同企业的不同特征,提供个性化的物流金融服务,为企业带来了福音。

三、具体措施

从中国储运第一笔集物流融资于一体的仓单质押融资监管业务的开始,经过不断地探索和创新,其物流金融业务量不断扩大。随着业务量的上升,为了满足客户的资金需求,中储一方面依托自己的资金实力、品牌优势、高端技术人才和几十年丰富的物流管理经验,另一方面积极与各大银行联手合作。中国储运先后与各大有资金实力的银行进行合作,共同推进物流金融业务的发展。目前,中国储运已与20家银行签署了总对总框架协议,建立伙伴关系,合作开展金融物流业务,包括四大银行、交通银行、深圳发展银行、民生银行、华夏银行、中信银行、光大银行、招商银行、渣打银行、法国巴黎银行、奥地利中央银行等,既保证了有足够的资金来源,使物流金融业务的扩大成为可能,也为客户的融资提供了渠道,帮助有发展潜力的企业解决资金的负担。

目前,中国储运在最先开发的仓单质押业务基础上,还进一步扩展出了统一授信和保兑仓业务。至于监管的品种,中国储运在前期选择的标的物多为质地稳定、市场需求量大、用途广泛、市场价格波动小、易保管、流动性较好、易变现的工业原料、农产品和大量消费产品,如:黑色金属、有色金属、建材、化工原料(化工粒子、化肥)、木材等,后来,随着业务的逐步成熟,中储运将质押的货物扩展到了汽车、纸张、家电、食品等更多的品种。

1. 仓单质押业务

融资企业用银行认可的合法的动产做质押担保,物流企业核实动产质押货物,银行就可以提供融资给出质人。物流企业可以在银行要求最低控货量的基础上,对超出银行最低控货存量部分,融资企业不必增加保证金,就可以向物流企业办理提货,物流企业根据最低控货通知书发运货物,直到所控制的货物总值在最低控制下限为止。具体操作流程如下:

(1)首先由融资企业、中国储运、银行三方签订质押监管协议,约定三方的权利与义务,融资企业还应该提供企业工商登记信息、企业税务登记证、专门的审计机构审计的资产负债表、利润表和现金流量表审计报告。三方对仓单、放货单的样本及其签名印鉴进行预留备案。

(2)融资企业与中国储运签订《仓储合同》,融资企业按照合同约定,把货物存放到指定的仓库中,中国储运接到收货通知后,根据合同约定比照单货是否相符,即对货物品名、规格、数量及外包装情况进行比较。经过认真审核合格后,中国储运即向融资企业签发仓单,履行货物保管责任,当前,中国储运主要采取的货物监管模式有库内、库外和多库质押监管,如表18-1所示。

表18-1 中国储运仓单质押货物监管模式

监 管 模 式	方 式
库内质押监管	在中国储运库内完成监管
库外(外租库)质押监管	中国储运总公司(或所属仓库),在外租赁仓库专门用于"仓单质押"业务,并派专门业务人员对仓库和质物进行监管
多库质押监管	为满足客户"仓单质押"全国性业务的需要,由中国储运通过全国仓储网络统一进行业务协调和监控,开展多库质押业务

(3)融资企业拿到仓单后,进行仓单背书"质押"字样,由中国储运签字盖章后,融资企业向银行提出仓单质押贷款申请,可供选择的质押模式包括静态质押和动态质押模式,如表18-2所示。同时,银行会根据货物的数量及市场价格,测算出货物的价值,与融资企业和中国储运签订《仓单质押监管合同》,银行按照合同约定根据货物总值的

一定比例放款到融资企业的账户上。

表 18-2 中国储运仓单质押模式

质押类别	具体模式	说　　明
静态质押（固定期限）	单一仓单质押	单一仓单固定期限质押,融资企业履行债务期间,在银行指定保证金账户缴入足额保证金后,银行解除质物监管,释放质物
	多仓单质押	考虑到融资企业对流动资金的要求,可分多个仓单分别质押,每份仓单对应不同的保证金,当融资企业履行债务期间,在银行指定保证金账户缴入针对不同仓单的足额保证金后,银行可解除对相应部分仓单质物监管,释放对应仓单的质物
动态质押	循环质押(滚动质押)	考虑到仓单的有效期(仓单有效期、质物保质期)等因素,在质押期间,融资企业可用相同数量的产品替代原有质物,保证银行债权对应的质物价值不变
	置换仓单质押	在质押期间,融资企业可用新仓单置换替代原有仓单,银行释放相应的原有质押仓单,同时保管人解除对相应质物的特别监管.置换后保证银行债权对应质物的价值不减少(可以增加)
	信用或保证金置换仓单质押	在质押期间,融资企业可用增加保证金或提供新的信用担保等方式置换替代原有质押仓单,置换后保证银行债权对应物的价值不减少(可以增加),银行释放相应的质押仓单,同时保管人解除对相应质物的特别监管
	动态控制存量下限质押(流动质押)	包括动态控制存数量下限和动态控制存价值量下限两种:动态控制存数量下限,与循环质押相同;动态控制存价值量下限,与置换仓单质押相同,在保证银行债权对应质物的价值不减少的情况下进行

(4) 融资企业在货物监管期间,按照给银行的还款,向银行提出放货要求。银行收到货款后,根据等值货物分割原仓单,并签发放货单交给融资企业同时书面通知中国储运,中国储运见到融资企业与银行共同签发的提货单后,积极配合融资企业到监管仓库提取货物。中国储运在放货后按照融资企业所持有的仓单记载发货事项,收回仓单。

(5) 在此之后,如同第四步循环操作,直至贷款结清,仓单所记载的货物发运完毕,仓单记录完成,这项质押全部结束。

2. 统一授信业务

统一授信业务是中国储运对物流金融的一种创新模式,其运作方式是银行不直接参与业务,银行根据中储运的资信情况、业务规模、行业主导力量等综合考察,以一定的资产抵押,对中国储运授予一定信用额度的资金。中国储运对意向合作的融资企业进行全面考核,如企业规模、业务往来情况、资产负债表、现金流量表和利润表等财务情况进行审核,对标的物市场情况进行评估和审议。在融资企业评审情况都通过后,与融资企业签订《抵押货款协议》，在融资企业提供一定的保证金履约下，签订相关合同，对融资企业提供相应的资金支持，融资企业向中国储运分批次偿还货款，完成此项业务。中国储运不是金融机构，在具体的实施中是通过购销货物和进口代理开证来开展具体业务的。

（1）购销货物业务。由中国储运与融资企业签订购销合同，购入融资企业存放在指定仓库的货物。在双方签订购货合同的同时，中国储运还和融资企业或者其指定的企业签订销售合同，从而约定融资企业或其指定的企业在未来某一时间内回购货权属于中储运的货物，在此项业务购销合同中明确融资的期限及融资分成。在合同生效之前，规定融资企业必须向中储运缴纳货款保证金，并且约定随着合同标的物市场价格的下跌不断追加保证金，从而能让中国储运能够在融资企业及其指定的企业在货物价格下跌致使存在违约时，保证金及货物的剩余价值能够覆盖中储运的损失。

（2）进口代理开证业务。中国储运与购货企业签订国际贸易代理合同，由中国储运对外开立进口信用证办理货物进口相关手续，并在代理合同规定进口环节税由哪一方支付。进口代理开证业务都是货值大，购货企业资金短缺而不能够自行付款进口，在此项业务中，中储运可以解决购货企业钱与货的矛盾问题，扩大进口量，有效提高了企业的议价能力。

3. 保兑仓业务

保兑仓业务是制造商、经销商、第三方物流企业、金融机构四方共同开展的一项业务，四方在有合作意向时，首先联合签订《保兑仓协议书》，在文书中约定各方的权利与义务。经销商就向银行指定账户存放约定比例的保证金，提交购销合同、放款审批表、额度台账和保证金入账冻结通知书等相关材料，填写开立以制造商为受益人的承兑汇票通知书。第二步，由中国储运向银行对经销商开立的承兑汇票融资行为进行担保，经销商用未来的货权对中国储运进行反担保，银行就遵照经销商要求以制造商方为受益人开出银行承兑汇票。第三步，银行为经销商开出银行承兑汇票后，制造商就将贸易合同规定的货物，保质保量发往中国储运指定的仓库，由中国储运进行实时监管。中国储运在核实标的物已经在其监管之中后，出具仓单证明，银行根据仓单解除此前中国储运对银行的担保，以经销商用购入的货物对中国储运的反担保，银行就由经销商购入的货物对银行进行仓单质押，中国储运按照《保兑仓协议书》对货物进行全程质押监管，没有得到银行放货指令，拒绝放货。最后在银行承兑汇票到期日时，经销商应按时与银行进行现金结算还款。同时，制造商在经销商没有将标的物销售出去，在没有足够现金向偿还银行敞口时，其有义务回购质押的货物。

四、结束语

在未来，中国储运还将持续深化金融与物流的融合，广泛应用物联网技术强化过程监管，全方位掌握金融物流业务相关信息数据，在更大程度上保障业务安全有效运行。中国储运在物流金融业务模式上的探索为中国物流金融的发展开辟了前路，也为后续其他物流企业物流金融业务的建立提供了可参考的范本。

思 考 题

1. 试分析中国储运开展物流金融业务所具备的优势。

2. 请谈谈中国储运作为第三方物流企业在开展物流金融业务上有哪些成功的做法。

3. 结合中国储运当前的物流金融业务模式,试分析在这些业务模式中可能会存在的风险有哪些?又需要如何进行控制?

案例 44　兴泰保理：为光伏产业雪中送炭

> **案例涉及的基本知识点**
>
> 保理业务，是指保理商以受让企业因销售货物或提供服务所产生的应收账款为前提，所提供的贸易融资、销售分户账管理、应收账款催收、信用风险控制与坏账担保等服务功能的综合性信用服务，它可以广泛渗透到企业业务运作、财务运作等各方面。只要有贸易和赊销，保理就可以存在，它适用于各种类型的企业。

一、案例背景

合肥兴泰商业保理有限公司（以下简称"兴泰保理"）成立于 2018 年 4 月 11 日，注册资本 2 亿元。目前，兴泰保理服务范围涉及各行各业，服务对象包括央企、省市级国企、中小微民营企业等各类企业，业务涵盖制造业、建筑业、基础建设、商贸服务等多个领域，为实体经济发展提供了强劲动力和金融支持。

二、问题提出

中小企业在国民经济中的重要性不言而喻，中小企业的发展质量，可以衡量一个地区的经济活力。然而，随着中小企业的总量不断扩张，民营中小企业所面临的融资难、融资贵等一系列问题也愈发突出，这限制了中小企业的发展，但同时也给保理业务提供了广阔的市场空间和业务落地的场景。在合肥有许多保理公司在开展业务，兴泰保理想实现长远发展和可持续经营，不仅要审慎对待今后每一项业务，也要积极运用金融科技和大数据寻找合适行业标的。兴泰保理不仅放眼全国，也立足省情，关注安徽发展方向和合肥产业现状，因此，兴泰保理业务部将目光锁定在合肥大力支持的光伏产业上。

光伏产业是资本密集型行业，具有初期投入大、投资周期长等特点，行业规模和水平的壮大需要良性的、可持续的投融资环境和金融支持体系做支撑。光伏产业上下游企业之间往往存在应收账款周转天数较长、应收账款周转速度较慢、核心企业对上游供应商存在一定的压款账期等问题，这也导致了光伏产业链上游供应商存在资金吃紧的现象。

安远硅片作为以阳光电源为核心的光伏供应链上游企业，是在经营中面临资金困境的上游企业典型代表（图 18-1），具体来看其面临的融资困境主要有三个方面。

图 18-1 光伏产业供应链

1. 自身融资需求大

(1) 市场竞争激烈：安远硅片主营磁性材料及数种硅片，产品相对单一，行业同质化竞争严重，竞争激烈，因其技术起步较晚，在国外市场销售不景气，主要面向国内客户。

(2) 客户话语权强：安远硅片的大客户是光伏产业链中的大型企业阳光电源，阳光电源是国内知名的上市公司，实力较强、规模较大、处于强势地位，具备充分的议价权和话语权，为保持和阳光电源的良好合作关系，不得不遵从合同条款，先交货后获得账款，且应收账款账期过长。

(3) 内部融资耗尽：安远硅片创立初期，创始人投入的资金用于固定资产的建设和后期生产过程中，公司成立时间不长，盈余资金有限，内部融资取之有尽，难以可持续地注入公司现金流，而且安远硅片所在的磁性材料市场竞争激烈，企业众多，未形成高技术壁垒，难以获得风投机构青睐。

(4) 外部融资缺乏：常见的外部融资有直接、间接和政策性融资。安远硅片作为起步不久的中小企业，公司的营业收入和净利润尚不多，上市融资和发行债券融资（直接融资）难以实现，银行贷款（间接融资）难以获取政策性融资也不具备优势。

2. 不符合商业授信条件

商业银行在给企业授信放款前会对企业展开尽职调查，重点考察企业的实际借款用途、未来还款来源和担保物质量，安远硅片无法很好说明这三点，因此较难从银行获得信贷支持。

(1) 银行无法掌握实际借款用途：安远硅片创立没几年，尚处于成长期，无法向银行提供多年持续经营的财务数据，银行无法全方位了解安远硅片的产能销量、盈利模式、长短期偿债能力等真实情况，银行风险较高。

(2) 安远硅片的还款来源不确定：安远硅片主要业务依赖于核心企业阳光电源，抗风险能力弱，缺乏稳定的经营性现金流保障。且因其资产规模较小，变现能力弱，在现金流断裂时固定资产难以快速变现偿还贷款，加之安远硅片自身信用水平不高，更难获得银行和其他金融机构的借款，因此安远硅片还款来源不确定。

(3) 难以提供符合要求的担保物：银行在交易过程中需要企业提供担保，主流担保形式有抵押、质押、保证、定金和留置五种，并且为了降低风险，加快还款速度，银行要求的抵质押物是变现快、流动性高、市场价值稳定的土地、房产等硬资产。安远硅片是小规模运营的生产企业，可供担保的固定资产很少，因此难以满足银行提出的信用抵押条件。

3. 民间融资利率高且不规范

民间融资的利率在无风险利率基础上加上了较高的风险溢价，若安远硅片寻求民间融资,贷款利息无疑是一大笔支出,会给公司未来发展带来更沉重的压力和负担。部分民间融资操作不规范,甚至会给企业埋下祸患。

三、具体措施

1. 为安远硅片量身定制供应链金融业务

安远硅片并不是唯一面临这些融资困境的企业,兴泰保理为了解决这些企业的融资问题,开展自身的供应链金融业务,从安远硅片入手,对其供应链金融业务进行了设计。在该供应链中,安远硅片等上游供应商和阳光电源之间由于业务往来会形成应收账款,安远硅片需要等待账款到期时由阳光电源支付货款,但如果账期过长,安远硅片则会面临资金短缺的问题。因此,针对这一问题,兴泰保理介入这一过程,开展保理融资业务。安远硅片和阳光电源形成应收账款后,安远硅片以应收账款为标的向兴泰保理申请保理融资,在确认了应收账款真实性后,兴泰保理为安远硅片办理保理融资业务,后期阳光电源直接支付货款给兴泰保理(图 18-2)。其中,由于核心企业阳光电源还款能力强,信用等级高,等于给安远硅片做了隐性背书。

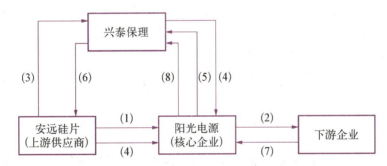

(1) 安远硅片与阳光电源签订合同,形成应收账款;
(2) 阳光电源与下游企业签订合同,形成应收账款;
(3) 安远硅片与兴泰保理签订保理合同,转让应收账款;
(4) 兴泰保理通知阳光电源确认转让;
(5) 阳光电源确认转让;
(6) 安远硅片获得兴泰保理的融资;
(7) 阳光电源收到下游企业货款;
(8) 阳光电源将货款支付给兴泰保理。

图 18-2 兴泰保理光伏产业保理业务流程

通过保理融资业务的开展,兴泰保理、安远硅片和阳光电源供应链都能从中获得好处。

对兴泰保理来说:

(1) 降低信息搜集成本和借贷风险:阳光电源在产业链中拥有雄厚实力和良好资信水平,为安远硅片提供间接信用担保和还款保障,兴泰保理掌握了安远硅片和阳光电源的真实贸易情况,并通过第三方物流企业的信息佐证交易真实性,不再需要花费大量的人力成本去调研安远硅片的应收账款真实性和长短期偿债能力水平,显著降低信息搜集和确认成本,增厚公司利润空间,同时承担的信用风险也降低了。

(2) 提高业务效率：光伏产业链企业众多,安徽省内就有不少,业务半径小更有利于业务开展,以阳光电源为核心企业,重点关注其上游中小企业,目标客户的画像清晰明确,这就提高了业务开展的针对性和效率。

对安远硅片来说：

(1) 拓宽融资渠道：通过保理业务,拓宽了安远硅片的信贷渠道,作为阳光电源的上游供应商,安远硅片凭借这种优质的信用背书获得了兴泰保理的融资,从而拓宽了融资渠道,安远硅片的流动资金得到补充,既可以在合同约定的时间内支付上游货款,保障原材料的供应,也可以保障企业自身日常经营活动的开展。

(2) 降低融资利率：作为核心企业阳光电源给安远硅片的背书降低了安远硅片的还贷风险,因此也降低了为其提供融资的风险溢价,进而降低了融资利率,也就减少了安远硅片因融资而需要付出的利息。

对阳光电源供应链来说：

(1) 可以实现信用的传导：将阳光电源的优质信用通过供应链金融传导到安远硅片,为安远硅片提供高效便捷的低成本融资,从而稳定了阳光电源供应链。

(2) 灵活现金流：加入保理融资后阳光电源的还款账期可延长,让阳光电源公司的现金流更加稳健。

2. 供应链金融业务的扩展和探索

借鉴光伏产业开展供应链金融业务所取得的经验,兴泰保理也在不断地探索和扩张供应链金融业务。在光伏产业供应链金融业务的基础上,兴泰保理又进一步在煤炭、物流和集成电路行业探索出了联合保理、正向保理和池保理等业务模式。

(1) 基于煤炭行业的联合保理业务。从煤炭行业产业链来看(图18-3),钢厂和电厂位于产业链的下游,实力强、还款来源可靠,当其作为应收账款的一方时,能够为处于上游的煤电企业提供保证,降低风险。因此,兴泰保理介入其中为这些上游的煤电企业提供保理融资,并且针对应收账款融资数额较大的问题,兴泰保理还开辟了"联合保理"业务,与同业的保理公司一起合作共同完成。通过不同保理公司之间优势互补,可以实

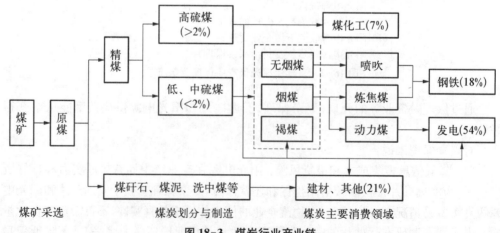

图 18-3　煤炭行业产业链

现资源整合,拓宽企业融资渠道,以更具竞争力的融资服务为企业的发展助力。

(2) 基于物流行业的正向保理业务。以速达运物流(以下简称"速达运")为例,速达运作为自主开发和运营的智慧物流云平台,主要为个体司机、中小物流企业、货主提供货车 ETC 通行、保险、科技物流承运等物流业务服务,存在应收账款过多、影响企业经营的问题。兴泰保理为速达运设计了正向保理业务(图 18-4),速达运以平台客户物流业务对应的运输费用应收账款为核心标的,向兴泰保理申请办理运费保理融资业务。这项业务优化了速达运的财务报表,无需增加负债即可实现融资,无需进行固定资产抵押,授信期内随借随还,资金使用更加灵活。

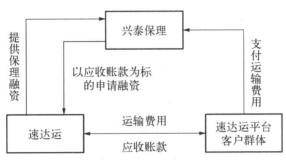

图 18-4　兴泰保理为速达运设计的正向保理业务

(3) 基于集成电路行业的池保理业务。在集成电路产业链中,中上游企业掌握核心技术,在业务往来中积累了许多应收账款。因此,兴泰保理选择这些中上游企业为主要客户,为其针对性地设计了保理业务。一是设立专享业务全流程绿色服务通道,即办即批、即批即放,加快集成电路企业融资速度。二是设立保理池,由企业将一个或多个不同买方、不同期限和金额的应收账款转让给兴泰保理,兴泰保理为企业提供应收账款融资。汇聚成"池"申请融资,简化业务操作流程、提高融资效率、加快变现。

3. 技术赋能供应链金融

除了一些基本和新拓展的供应链金融业务外,因为供应链金融的开展是伴随着风险的。为了更好地控制风险,并且随着技术的发展,兴泰保理开始探索性地将更多信息技术应用到供应链金融业务中。

(1) 区块链确认账款真实性。兴泰保理与银行进行合作,创建"应收款链平台一体化"线上系统,这个系统可以对用户提交的信息进行整合。在系统中上传保理融资合同、资产合同及增值税发票等真实贸易背景材料,兴泰保理即可发起提款申请。由于区块链技术的不可篡改、可追溯等特点,银行可以充分确定保理公司底层资产的真实性,简化了复杂烦琐的线下调查环节,从而提高融资效率,盘活账面资产,降低双方风险。同时,基于区块链的数据库可以帮助兴泰保理在确权过程中核查应收账款的真实性和时效性;信用单据转化为数字权证进行储存,大幅降低核心企业的履约风险;而加入智能合约数据,又可以迅速拆分流转上下游资金,加快产业链中资金流转速度。

(2) 大数据可视化企业信用。为了让融资各方相互了解更全面的信息,兴泰保理针对这个问题利用大数据可视化了企业的信用。首先,兴泰保理与中国人民银行开展合作,接入央行的应收账款融资服务平台和征信系统,依托大数据、人工智能、区块链等金融科技,将发改、税务、公安、海关、民政、法院、公管、人社、自规、供水、燃气等数据接入系统,让企业的信用变得更加直观、可量化;不仅能得到企业详细真实的财务数据,也能得到可靠客观的经营数据。其次,在大数据的基础上,兴泰保理将企业的公司类型、经营年限、失信状况、经营情况等多维信息进行采集汇总,并基于模型对客户进行定性结合定量的分析,不仅可以生成当前时点的客户画像,将企业的信用变得可视化,还可以及时预警和预测其未来发展。

四、结束语

金融市场变幻莫测,客户需求更迭不止,面对日新月异的金融市场,兴泰保理对自身提出更高要求。一是积极推进业务发展,开发应用场景更广、覆盖面更大的保理业务,提前布局切入战略性新兴产业供应链;二是重点关注风险防控,定量方面注意运用科技赋能,定性方面注重全流程风险把控;三是积极畅通融资渠道,和更多金融机构合作。

思 考 题

1. 光伏产业供应链的特点有哪些?为什么会面临融资难的问题?
2. 兴泰保理是如何为光伏产业"雪中送炭"的?
3. 兴泰保理为安远硅片所处的光伏产业供应链提供的保理业务能为供应链带来怎样的优势?
4. 开展供应链金融业务可能会面临哪些风险?兴泰保理是如何控制供应链金融风险的?

第十九章　逆向物流供应链

根据物流管理协会的定义,逆向物流就是对由最终消费端到最初的供应源之间的在制品、库存、制成品以及相应的信息流、资金流所进行的一系列计划、执行和控制等活动及过程,目标是对产品进行适当的处理或者恢复一部分价值。逆向物流主要是指处理损坏、不符合顾客要求的退回商品、季节性库存、残值处理、产品召回等,另外还包括废物回收、危险材料的处理、过期设备的处理和资产的回收。逆向物流又可以分为回收物流与废弃物物流。回收物流是指:"不合格物品的返修、退货以及周转使用的包装容器从需方返回到供方所形成的物品实体流动。比如回收用于运输的托盘和集装箱、接受客户的退货、收集容器、原材料边角料、零部件加工中的缺陷在制品等的销售方面物品实体的反向流动过程。"废弃物物流是指:"将经济活动中失去原有使用价值的物品,根据实际需要进行收集、分类、加工、包装、搬运、储存等,并分送到专门处理场所时形成的物品实体流动。"

案例 45　宝钢变"废"为宝——逆向物流

案例涉及的基本知识点

逆向物流,是指与正向供应链反向,为价值恢复或处置合理而对原材料、中间库存、最终产品及相关信息从消费地到起始点的有效实际流动所进行的计划、管理和控制过程。

▶ 一、案例背景

随着生态环境逐渐恶化,人们的环保意识不断增强,环保也越来越受关注,产品的回收再利用就是一方面。出于环保和资源循环利用的可持续发展经济模式考虑,废钢铁的回收长时间得到广泛的关注和研究。1 吨普通废钢相当于 3—4 吨铁矿石,1—1.5 吨焦炭,可见废钢的回收相当重要,而废钢物流是废钢回收中的关键。

上海宝钢物流有限公司作为宝钢集团(中国最大、最现代化的钢铁联合企业)的子公司,在宝钢回收废钢铁中起到很大的作用。2011 年 5 月 9 日,上海宝钢物流有限公司被评为 4A 级物流企业,利用射频识别(radio frequency identification,RFID)技术,使钢铁成品智能仓储成为现实,并且精心打造物流基地,提供更好的物流服务。其经营领域有废钢物流、生产物流、供应物流、金融物流、钢铁物流、铁路装卸、码头装卸、货代服务,而废钢物流就是其中重要的一部分。上海宝钢的废钢物流具有碳钢、不锈钢废钢接运、回收、加工、分选、仓储以及配送功能,可进行氧割废钢、等离子切割加工和打包压块作业,为用户提供废钢仓储、加工、配送等全程物流服务。

二、问题提出

受经济危机后钢产量逐步增长的拉动,钢铁供应需求急剧增加。铁矿石是炼钢的一种重要原料,是不可再生资源,而废钢是铁矿石的替代品,废钢的价格因供不应求而大幅上涨,市场面临很大的风险。

现如今废钢的资源供应不足,不能满足现代钢铁业供应需求。而上海宝钢物流有限公司在废钢回收方面,由于网点尚未形成规范体系,废钢不能有效地回收到供应链各节点上去;再加上整体装备水平偏低,科研和技术还没跟上,在废钢逆向物流各环节管理水平较差,且废钢产品质量有待提高。如何做好废钢逆向物流是上海宝钢物流有限公司亟待解决的问题。

三、具体措施

废钢逆向物流属于重新制造和回收的逆向物流,做好逆向物流,可以节约大量的成本。宝钢打造废钢采购供应链,跟供应商建立良好的关系,有获得资源的渠道,可以解决废钢的资源供应不足问题。废钢的回收渠道还有赖于物流网络,在进行逆向物流网络设计时,必须考虑到投资、运输、仓储和配送等各方面,达到整体最优才是最好的。建立了分级管理回收网络,进行回收的归类。可以借助先进的物流信息系统,如企业资源计划(enterprise resource planning,ERP)系统。在 ERP 系统上资源共享,可以实施企业资源计划,进行回收量的确定。

在废钢物流管理方面,实行废钢物流专管制度,将各个回收点收集的废钢,根据归类标准分别计量,做到分门别类专门仓储和发运。加快新技术、新工艺、新设备的推广和应用,淘汰落后产能,逐步减少人工作业,使用机械化、自动化、电子化加工和检测设备,提高行业装备水平,进而提高废钢产品质量。培养专业物流人才,引领逆物流的更好发展。

四、结束语

废钢回收逆向物流,对社会和企业都是有帮助的。对于社会方面,可以减少对环境的损害,有利于节约资源,提高资源的利用率,促进绿色物流的发展。在企业方面,降低生产成本,减少投资,增加企业的效益。所以逆向物流的前景将更广阔。

思 考 题

1. 如何完善废钢回收的逆向物流系统?
2. 实行逆向物流,需要考虑哪些要素?

案例46 苏宁的逆向物流模式

案例涉及的基本知识点

回收物流(returned logistics),是指不合格物品的返修、退货以及周转使用的包装容器从需方返回到供方所形成的物品实体流动。

▶ 一、案例背景

苏宁创立于1990年,是中国最大的商业企业之一,一度位列中国民营企业前三强,中国企业500强第50位(2012年),品牌价值815.68亿元。经过20多年的拼搏,苏宁从一家200平方米的空调专营店发展为中国最大的商业企业之一,在中国和日本拥有两家上市公司。

在当今互联网、物联网、大数据并行的时代,苏宁在零售业不断推陈出新,以云技术为基础、云服务为产品,整合各方面资源,把物流网与互联网相结合,不断丰富销售品类,扩大客户群,开启O2O模式,既为生产商、代理商、零售商提供开放的金融服务、供应链服务和产品品牌推广服务,又为个人、家庭、企事业客户提供产品、内容、应用整体智能解决方案,开创"店商+电商+零售服务商"的云商模式。

苏宁易购云店把苏宁易购从线上搬到线下,融入人们的日常生活,让用户可以随时随地、随心所欲地购买商品,不再受时间和空间的限制,正式实现线上线下融合。苏宁易购立足线上线下两大平台,开放物流、金融和数据等核心资源,服务于上游供应商(生产商、批发商和零售商);整合各类实体产品、内容产品和服务产品,服务于下游消费者(个人、家庭和企事业单位)。苏宁物流目前业务广泛,涉及物流的各个领域,比如供应物流、仓配物流、揽件速递、冷链物流及跨境物流。

苏宁作为主营家电产品和连锁零售行业,由于客户对家电产品的要求越来越苛刻,并且家电产品更新速度较快,导致家电企业逆向物流成为物流最重要的一部分。与此同时,由于消费者众多的退货需求和供应商为了节约资源等原因而召回产品,逆向物流的快速发展可以节约大量的人力、物力成本,因此越来越受到重视。

近些年来,在苏宁的不断努力之下,苏宁的逆向物流的水平得到了质的飞跃,同时其制定的退货政策也日趋合理,更加全面地保障了消费者的利益,同时也使顾客满意度得到提升。2017年4月苏宁推出可循环快递盒——漂流箱,用于"最后一公里"投递,服务于送货上门、自提点自提,环保又方便,有策略地减少纸质包装盒的使用。目前共享快递盒更新2代,覆盖广州、南京、杭州、武汉、成都、北京、济南、重庆、郑州、深圳、沈阳、西安、上海等13个城市。漂流箱每循环2 000次，大约可节约1棵10年树龄的树木。截至2017年底，苏宁物流共回收了500多万个包裹进行循环使用(图19-1)。

图19-1 苏宁共享快递盒

苏宁的逆向物流现在还处于初步发展阶段。就苏宁目前的逆向物流来看，主要有以下四类：

1. 顾客的退换货物流

苏宁作为零售行业的巨头，在销售过程中，难免会出现一些质量问题，从而会导致顾客的退换货，而逆向物流恰恰可以解决这一点。此类逆向物流主要处理的是对于销售过程中存在质量问题的产品，需对其进行返厂处理，要退回给供应商。以苏宁易购为例，当顾客收到订单并签收后，若发现商品存在影响使用的故障，则可以与苏宁易购客服进行联系，反馈问题，接到反馈后，苏宁会马上派易购工作人员及时上门详细鉴定，并取走问题商品，同时将问题商品反馈给厂家，退回给供应商，并且会跟进与顾客联系，重新把新的产品邮寄给顾客。

2. 滞销产品的退货物

对于连锁零售行业的苏宁来说，在销售家电产品的过程中，会出现畅销机型和非畅销机型，对于畅销机型，会及时销售出去，不会造成产品积压，但是对于非畅销机型来说，就需要通过逆向物流，将在连锁店因为滞销而积压的一些产品退回给供应商。

3. 供应商召回返厂物流

对于已生产好的家电产品，在出厂后或出厂时会存在一些偶然的安全隐患或后期发现一些质量问题，这就要求供应商将发现问题的某批次的产品召回返厂，包括在门店正在进行销售的产品，因此就产生了供应商召回返厂物流，对已出库的产品进行召回返厂检验重修。格力空调作为空调界的龙头老大，在2010年却发生了"爆炸门"事件，空调频频爆炸，质量令人担忧，因此，格力空调在苏宁体系全面撤柜，厂商将这一批次产品召回返厂，检验重修。

4. 以旧换新的回收物流

2012年,国家推出家电以旧换新政策,包括电视机、冰箱、洗衣机、空调、电脑五个大类,苏宁积极响应,同时带动消费者踊跃参与,在创造利益的同时,还回收了大量废旧家电产品,因此就产生了回收物流,主要针对消费者使用后的废旧家电进行回收处理。苏宁于2014年9月19日推出手机以旧换新,苏宁将联合独立第三方评测机构对旧机进行现场评估,对旧机进行预测评估给出折旧价,顾客只需补上差价即可换购新机。活动结束之后,苏宁再将集中收购的旧家电送至国家指定的拆解企业,由拆解企业进行集中处理。

二、问题提出

由于许多原因,苏宁的逆向物流仍存在不少问题,面临极大挑战,主要表现在以下几个方面。

1. 退货流程烦琐,处理周期长

买家在线申请退货—双方同意退换货协议—上门取件/邮件寄送—验收退货—卖家确认收货—卖家重新发货/退款,这是苏宁目前的退换货流程。从图19-2中可以看出,在苏宁易购上退货很繁杂,而且退货得不到及时的处理。根据有关部门的统计,目前处理退货的时间平均在一周到一个月之间,尤其在每年的"双十一"过后,退货处理的时间增加好几倍,广大消费者对此颇为不满。

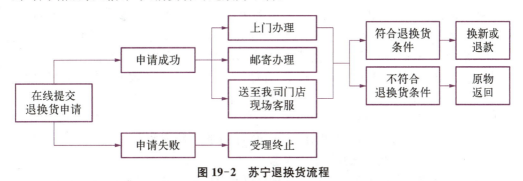

图19-2 苏宁退换货流程

2. 退货审核的非专业化

消费者如果因为商品质量上有一些问题而产生退货需求时,卖家通常会让买家提供质量有损的照片等资料来作为退换货的证明。如果是数码产品的话,则消费者不得不提供较为权威的质量检测证明。但是一旦产品质量检测报告显示没有任何问题,此时消费者不仅不能成功退换货,而且还要承担一笔价值不低的检测费用。所以,不少买家只能选择放弃退货,因此对电商企业的满意度大打折扣。

3. 退货物流管理的效率十分低下

由于绝大多数的电商对退货物流的不重视,物流设备投入不足,物流技术利用程度低,物流人员自身水平不高等,目前我国退货物流无论是在效率、反应,还是退货物流各个节点的衔接上,都存在着不少的问题。

三、具体措施

1. 逆向物流和正向物流共用一套系统

物流是苏宁电器的核心竞争力之一。苏宁电器建立了区域配送中心、城市配送中心、转配点三级物流网络，依托仓储管理系统（warehouse management system，WMS）、运输管理系统（transportation management system，TMS）等先进信息系统，实现了长途配送、短途调拨与零售配送到户一体化运作，平均配送半径80至300公里，日最大配送能力17万台套，实现24小时送货到户。苏宁电器相继在杭州、北京、南京等地开发建设了现代化物流基地，上海、天津、沈阳、成都、长春、无锡、合肥、徐州等地物流基地建设也全面铺开。通过专业化、机械化、信息化的运作，苏宁电器物流基地可支持50—200亿元的年商品销售规模，零售配送半径最大可达150公里，同时还承担地区售后服务中心、地区呼叫中心、地区培训中心等功能。依靠如此强大的正向物流系统，在其基础上建立逆向物流系统并不断完善，将能够有效地降低投资成本，避免了重建一套物流系统所需要的人力物力等资源的投入。这种形式的逆向物流系统并不是完全依靠正向物流，而是利用正向物流系统中从苏宁到消费者这一环节的配送设施，在此基础上建立专门的返品中心。返品中心建立在正向物流配送中心附近，退换货集中送到返品中心，对退换货进行检验后作出处理决定。

2. 供应商之间共享退货物流管理信息系统

在供应链管理平台的基础之上，运用条码技术、电子数据交换技术、POS、GPS、GIS、RFID等目前领先的技术，以此来建立退货物流信息系统。综合运用这个退货物流信息系统，将退货物流信息进行实时的共享，以此追踪目前的退货进展以及记录各项成本。此外，苏宁还通过这个系统，搜集、存储、分析退货物流的数据与信息，并以此建立中心数据库，与其他各节点上企业的数据库进行深度对接，供应链上的各个成员能从共享的数据库中查询到退货的原因的各项信息，并且能够从中探寻到退货物流中广泛存在的问题，从而减少商品的退货，以此来提高自身退货物流的竞争力。

3. 与海尔逆向物流体系建立合作关系

海尔物流依托海尔集团的先进管理理念以及海尔集团的强大资源网络构建海尔物流的核心竞争力，为全球客户提供最有竞争力的综合物流集成服务，成为全球最具竞争力的第三方物流企业，其逆向物流体系也发展得较为成熟，已经成为国内同行业的佼佼者，甚至领先许多国外的物流企业。

目前，苏宁与海尔互为最重要的战略合作伙伴之一，从2011年开始，双方一直保持着良好的合作。到现在为止，苏宁已然成为海尔国内最大的销售渠道。

因此苏宁可以通过借助海尔先进的回收中心，强大的物流渠道和标准化的物流设备来完善自己的逆向物流体系。站在行业领先者的肩膀上，不断改进自己的逆向物流体系，同时还可以学习到海尔先进的物流管理理念和发达的物流技术水平，通过合作、学习，可以推动苏宁建立适合企业自身的逆向物流信息系统，可以为将来苏宁逆向物流的发展助一臂之力。

4. 建立 O2O 线上线下协同发展的退货模式

为了建立 O2O 线上线下协同发展的退货模式,必须努力整合线上线下的各项资源。这就要求苏宁拥有多个分布合理的实体店,线下门店既可以实现当面验货,而且保证消费者可以得到线下退货服务。这样不仅使得退货变成实时的,大大减少了各项烦琐的流程,而且对于消费者来说,这种退货方式更加可靠。

四、结束语

发展逆向物流有助于进一步提高顾客价值,促进企业的物流体系不断完善,有利于树立良好的企业形象。虽然我国目前的逆向物流市场总体发展水平较低,也还没有统一的业务标准,但在低碳理念的推行和退货积压问题的压力之下,逆向物流越来越受重视。苏宁重视召回返厂物流以及以旧换新的回收物流,对企业和社会都是有帮助的,如果苏宁能进一步完善其逆向物流体系,对于其自身的竞争力提高有很重大的意义。

思 考 题

1. 苏宁的逆向物流解决措施对其他电商企业有什么启示?
2. 你认为苏宁逆向物流实施过程中会遇到何种问题?

第二十章 绿色物流供应链

绿色物流以降低对环境的污染、减少资源消耗为目标,其内涵包括:(1)集约资源。通过整合现有资源,优化资源配置,可以提高资源利用率,减少资源浪费。(2)绿色运输。要对运输线路进行合理布局与规划,通过缩短运输路线,提高车辆装载率等措施,实现节能减排的目标;还要注重对运输车辆的养护,使用清洁燃料,减少能耗及尾气排放。(3)绿色仓储。一方面要求仓库选址要合理,有利于节约运输成本;另一方面,仓储布局要科学,仓库要得以充分利用,仓储面积利用要实现最大化,以减少仓储成本。(4)绿色包装。要提高包装材料的回收利用率,有效控制资源消耗,避免环境污染。(5)废弃物物流。对经济活动中失去原有价值的物品进行搜集、分类、加工、包装、搬运、储存等,然后分送到专门处理场所进行妥善处理。

案例47 长虹绿色物流之路

案例涉及的基本知识点

绿色物流,是指通过充分利用物流资源,采用先进的物流技术,合理规划和实施运输、储存、装卸、搬运、包装、流通加工、配送、信息处理等物流活动,降低物流对环境影响的过程。

一、案例背景

近年来,为面对全球气候变化的严峻形势,实现全球的可持续发展,世界各国都在探索绿色发展的新模式。2021年2月,国务院印发的《关于加快建立健全绿色低碳循环发展经济体系的指导意见》指出,全方位全过程推行绿色规划、绿色设计、绿色投资、绿色建设、绿色生产、绿色流通、绿色生活、绿色消费,建立健全绿色低碳循环发展的经济体系,确保实现碳达峰、碳中和目标,推动我国绿色发展迈上新台阶。2021年3月,第十三届全国人民代表大会第四次会议通过的《中华人民共和国国民经济和社会发展第十四个五年规划和二〇三五年远景目标纲要》提出"广泛形成绿色生产生活方式,碳排放达峰后稳中有降"的目标,包括2030年"碳达峰"的目标与2060年"碳中和"的愿景。

基于此，国内很多企业纷纷通过全面节能减排、绿色制造等方式参与到国家的战略行动中，长虹公司就是积极践行绿色发展模式的一员。长虹公司对产业、产品、工艺进行转型升级改造，以智能制造、绿色制造、低碳环保为引领，污染物治理效果良好，污染物达标排放，满足国家排放标准。另外，长虹加强绿化设计和绿色制造工作，加强节能产品、环境标志产品的设计研发、生产制造，并积极寻找提升空间，不断完善产品的绿色设计和绿色制造水平，为社会提供更多更好的节能、低噪声、低辐射性、低碳产品。如今，长虹旗下的平板电视、激光电视、空调、智能交互教学一体机等合计三百多款产品通过了中国环境标志产品和节能产品认证。

二、问题提出

在长虹践行绿色发展模式的过程中，绿色物流的推进也出现了一些问题，主要集中在运输、包装、废旧产品回收和信息化建设等方面。

1. 运输方面

运输作为长虹物流系统中成本消耗最大的活动，是其物流系统推进绿色化改造的重要环节，因此，长虹投入了大量的资金、人力和物力进行企业运输系统的建设。强大的运输系统为企业带来了巨大的规模效益，同时也给企业和环境带来了不少问题，噪声、尾气和庞大的运输经费支出成为企业物流管理的难点。目前，长虹在运输方面面临的最大问题就是公路运输占全部运力的比例太高，公路运输会造成大量噪声和尾气污染，进而导致生态环境遭到破坏，这显然不符合绿色物流的发展理念。此外，长虹的清洁能源运输工具的运力，不足全部运力的10%，所以长虹运输物流系统的绿色化改造势在必行。

2. 包装方面

长虹面临的产品包装问题，主要包括大件电子产品如液晶电视等的包装过度；小件产品如手机等所使用的包装纸盒和缓冲泡沫回收困难、蜂窝纸板标准化程度不高和存在一定程度的污染等。长虹的物流包装材料、包装方式及作业流程均不符合绿色物流的要求，造成了资源浪费，其在加工过程中产生了大量的物流包装废弃物，但由于降解技术水平不高、可再生利用率低下，易造成环境污染。由于包装纸箱、塑料泡沫、气泡薄膜和皱纹纸等包装材料价格相对低廉，长虹还未建立专门的包装回收部门，造成回收效率低下。

3. 废旧产品回收方面

废旧产品的回收处理是长虹物流系统的重要业务之一。在废旧产品中存在着丰富的可利用资源，如金属、塑料和玻璃等。电视机的有价物材料比例为69%，其中金属材料约占16%，玻璃材料约占53%；电冰箱的有价物材料约占40%；玻璃和陶瓷等有用材料各约占20%，而且包装用的蜂窝纸箱和瓦楞纸箱，缓冲用的塑料和泡沫等材料二次利用价值也很高。但是，长虹有关回收体系的相关制度建设并不完善，还未建立规模化的正式回收站点。由于回收流程不规范，回收准则不明确，弃用物回收系统还未完善，造成了长虹回收意愿不强烈。电子产品拆解流程和技术复杂，不同的电子产品需要专门的拆解人员进行拆解，而且在拆解过程中容易产生对环境和人体有害的物质，加大了长虹对废旧产品的回收难度。

4. 信息化建设方面

长虹在绿色物流信息化系统中投入的资金较少，没有专门的技术人员进行绿色物流信息化系统的开发与维护，造成物流供应链各环节信息不集中、信息不对称和信息失真、失效等问题。物流信息化数据库的不完善导致供应链各环节无法从整体上控制物流成本，制约了企业运营效率与服务质量的提高，无法为长虹绿色物流的构建提供信息支持。

三、具体措施

1. 绿色运输

在长虹绿色物流运输过程中，一是大力推动油电混合型汽车和纯电动汽车等新能源交通工具的使用；二是借助互联网技术设计最优的运输路线和合理的运输方案，在物流运输之前对当前的物流运输路线进行合理规划，进一步优化配送的路线。在运输过程中通过采取铁路运输、海上运输和航空运输降低废气排放量，减少废气污染，保护自然环境；三是长虹改变了以往由油叉车运转货物为主的转运模式，而引入了机器人、传输线、AGV（自动导引运输车）和自动叉车等多种技术，实现全环节自动转运。这种模式不仅能够减少尾气的排放，同时还提升了效率。

2. 绿色包装

在大型电子产品方面，长虹以分体结构设计为主，在不同部位采用不同的瓦楞纸板以达到最佳的保护性和经济性，并通过提高家用电器包装用纸的质量来降低包装用量；在小件产品方面，长虹积极推广并应用复合材料及蜂窝纸板等节能环保材料，在确保运输安全的条件下，长虹强调杜绝过度包装和华而不实的包装，尽量避免使用一次性包装材料，推广电子面单、环保包材、环保袋、可降解包装、环保箱和集包袋等。长虹建立了包装废弃物分类处理系统，尽可能地回收利用包装材料。此外，长虹加强了绿色物流包装材料及废弃物降解技术研发，不断提高绿色物流包装水平。

3. 逆向物流

长虹通过构建封闭循环系统将废旧电子产品进行拆解、清洗、筛选和检测以达到二次利用的目的。此外，长虹还建立了专门的回收部门，主要负责对废旧产品的价值进行专业评估和回收处理，提高回收利用率。回收部门在回收过程中借助信息化手段，将客户对再利用零部件产品的意见及时反馈给设计工程师进行改善设计，以便提高可多次利用的零部件的性能。目前长虹在全国范围内建成了上千个回收网点，年回收废旧电器电子产品超过 200 万台，目前已经累计拆解处理 1 400 万台以上。为应对新型电子信息产品报废高峰，长虹向手机、生活家电和电子信息产品的拆解和无害化处置领域重点投资 7 500 万元，现已拥有了年 3 000 万台的处置能力。

4. 绿色物流信息化建设

长虹加强了绿色物流信息化建设，并落实绿色物流标准化。长虹围绕设计、采购、生产、销售和物流等重点环节,着力攻克一批家电产品关键绿色技术难关,同时,开展绿色技术和管理的应用、推广和培训服务,形成了面向家电全生命周期的闭环绿色供应链体系,实现了企业低投入、低消耗、低排放和高效率的节约型增长方式转变。比如在物流领域,通过引入机器人、传输线、AGV 和自动叉车等多种技术,实现了全部环节自动转运,在效率提升的同时也减少了尾气排放。长虹对废旧电子产品和电器回收、锂电池回收、工业固废、工业危废等渠道深度挖掘,已建成电子废弃物回收、拆解、无害化处置和资源化利用一站式服务平台。

四、结束语

随着国家"双碳"目标的提出,低碳绿色化已成为行业发展的共识。绿色物流以环保理念和可持续发展思想为基础,能够在一定程度上减少物流活动对自然环境造成的危害,进一步节约资源,有利于社会经济的可持续发展。

思 考 题

1. 请思考长虹发展绿色物流的现实意义。
2. 长虹主要通过哪些措施来优化其绿色物流系统?

案例 48　上汽通用领跑汽车业"绿色供应链"

> **案例涉及的基本知识点**
>
> 绿色供应链,最初是由美国密歇根州立大学的制造研究协会在1996年提出的,当时提出这个概念的目的,是基于对环境的影响,从资源优化利用的角度,来考虑制造业供应链的发展问题。也就是说,从产品的原材料采购期开始,就进行追踪和控制,使产品在设计研发阶段,就遵循环保的规定,从而减少产品在使用期和回收期给环境带来的危害。

一、案例背景

进入21世纪后,欧盟倡导的绿色产品认证所造成的供应链效应将带领全世界制造业进入一个对环境更友善的新纪元。对于十分依赖各种资源的制造企业来说,如何处理好资源与环境协调的发展关系,转变传统生产方式,保持可持续增长对生产制造企业来说尤为重要。上汽通用汽车有限公司抓住这一机遇,率先拉开了汽车产业上、下游"绿色供应链"多赢计划的序幕。

上汽通用汽车有限公司成立于1997年6月12日,由上海汽车工业(集团)总公司、通用汽车公司各出资50%组建而成。上汽通用汽车位于上海市浦东金桥出口加工区,占地面积80万平方米。其业务链体系覆盖程度、生产基地数量、产品种类、动力总成的制造规模等都位于国内合资企业之首。2005年通用汽车总公司与世界环境中心和中国汽车工程学会合作,在中国启动"绿色供应链"示范项目,帮助汽车零部件供应商提高环保能力,减少资源消耗。2008年,上汽通用汽车在业内又率先启动了全方位绿色发展战略,并制定了以"发展绿色产品"为核心、以"打造绿色体系为基础"、以"承揽绿色责任"为社会实践的中长期规划,将绿色发展锻造为企业差异化核心竞争优势之一。

目前,上汽通用汽车拥有浦东金桥、烟台东岳、沈阳北盛和武汉分公司四大生产基地,是中国汽车工业的重要领军企业之一。

二、问题提出

在产业链上游,经过第三方国际环保组织认证的上汽通用"绿色供应商"如今已达到近450家,充分体现了龙头主机厂对行业绿色发展产生了巨大的引领和带动作用,预计到2025年上汽通用汽车的"绿色供应商"数量将达650家,在公司国内供应商中占比达80%以上,并且每年还将新增70—100家"绿色经销商"。这一"绿色效应"贯穿整个业务链,包括绿色研发、绿色产品、绿色采购与供应链、绿色物流、绿色制造、绿色IT、绿色经销与服务等。

三、具体措施

上汽通用汽车有限公司充分发挥龙头企业影响力,以身作则,从零部件供应、生产制造、生产服务等多方面积极打造包括绿色供应链在内的绿色生态系统(表20-1),带动上下游企业共赴绿色远景,有利于我国汽车业传统观念的转变,树立可持续发展意识,加强供应商与企业的合作伙伴关系,实现整个产业链共赢。

表20-1 上汽通用汽车实现绿色供应链措施

序号	方面	措施
1	零部件供应	自身作为产业龙头,形成产业集群
2	生产制造	建造国际环保水平的水溶漆车间
3	生产服务	设计、使用清洁的能源和原料; 采用先进的工艺技术和设备

1. 零部件供应方面

上汽通用作为产业龙头,吸引了众多零部件供应商,形成产业集群。其不仅在工艺上、业务流程上摸索科学的方法,还配合供应商落实这些做法。对此,各个供应商的积极性都非常高,每年的节能会产生明显经济效益。其位于上海金桥、山东烟台、沈阳北盛和武汉的各个基地,都根据上汽通用的统一要求进行"绿色供应链"的打造,对供应商的厂房设备、生产场地、工艺过程以绿色规范进行评估,帮助供应商改进技术,合理利用资源,减少能源、原材料的消耗。

2. 生产制造

上汽通用建有国内第一家达到国际环保水平的水溶漆车间,采用世界最先进的绿色环保涂装工艺。目前,上汽通用共有沈阳北盛、烟台东岳、上海金桥和武汉分公司四大基地,总产能超过200万辆,四大基地的中水回用设施用国外先进的污水处理技术,对各工厂的工业污水和生活污水全部实行了无害化处理,各项污染物100%稳定达标。除此之外,上汽通用还在整车和动力总成制造上深入推进25项绿色工艺和设施应用,大幅改善能源利用率,有效降低废气、废液、废渣"三废"排放。至2020年,上汽通用在四大基地的平均单车能耗和平均单车水耗已经在2014年的基础上再降3%,单车废水排放再降低6.8%,电力能耗降低约8.9%。上汽通用取得了经济效益与环境效益的双丰收,每年可产生直接经济效益约5.3亿元人民币,减少二氧化碳排放31.2万吨,减少液体废物排放43.5万吨,减少固体废物排放2.2万吨。

3. 生产服务

经销商在上汽通用"绿动未来"战略的实施过程中,并不是看客,恰恰相反,他们成了重要的参与者。上汽通用汽车工程师会同国际环保专家一起到销售第一线提供现场技术支持,帮助经销商科学地实施绿色销售。同时,经销企业通过不断改进设计、使用清洁的能源和原料、采用先进的工艺技术和设备及改善管理、综合利用等措施,实现了从源头削减污染,提高资源和能源利用率,减少或避免了维修保养过程中污染物的产生和排放,减轻或消除了对人类健康和环境的不利影响。

四、结束语

由上汽通用汽车公司率先发起的这场"绿色供应链"革命,不仅有利于整个产业链的可持续发展,还在一定程度上带动越来越多的企业投身绿色发展浪潮。这种从源头控制抓起,以"清洁生产"制造绿色产品的理念与行动,凸显出上汽通用"绿动未来"战略"全方位"的特色与意义。

思 考 题

1. 上汽通用公司如何领跑汽车业"绿色供应链"?
2. 企业发展"绿色供应链"之路有何意义?

第二十一章 物流生态

物流生态是指物流可持续发展的一种平衡状态,构成物流的各个因素和环节井然有序、互相依存、互相协调,融合为一,形成统一循环发展的物流生态链。物流生态系统链同时是低碳物流和绿色物流发展的理想形态,也是未来生态社会物流的一种理想存在形式。

案例 49　国美新零售物流生态构建

案例涉及的基本知识点

1. 新零售,是指企业以互联网为依托,通过运用大数据、人工智能等先进技术手段,对商品的生产、流通与销售过程进行升级改造,进而重塑业态结构与生态圈,并对线上服务、线下体验以及现代物流进行深度融合的零售新模式。有学者将新零售总结为"线上+线下+物流",其核心是以消费者为中心的会员、支付、库存、服务等方面数据的全面打通。

2. 城市配送,是指服务于城区以及市近郊的货物配送活动,在经济合理区域内,根据客户的要求对物品进行加工、包装、分割、组配等作业,并按时送达指定地点的物流活动。城市配送其主要对象为商品,也包括部分工业品。在我国,城市配送的从业者主要包括专业物流服务商,转型搬家、货运公司,邮政和快递企业(主要从事小件、小包裹运输)等。

一、案例背景

经过近年来的全速前行,传统电商由于互联网和移动互联网终端大范围普及所带来的用户增长以及流量红利正逐渐萎缩,传统电商所面临的增长"瓶颈"开始显现。国家统计局的数据显示:全国网上零售额的增速已经连续三年下滑,2014 年 1—9 月份的全国网上零售额为 18 238 亿元,同比增长达到 49.9%;2015 年 1—9 月份的全国网上零售额为 25 914 亿元,同比增长降到 36.2%,而在 2016 年的 1—9 月份,全国网上零售额是 34 651 亿元,增速仅为 26.1%。此外,从 2016 年天猫、淘宝的"双 11"总成交额 1 207

亿元来看,交易总额增速也从 2013 年超过 60% 下降到了 2016 年的 24%。根据艾瑞咨询的预测:国内网购增速的放缓仍将以每年下降 8—10 个百分点的趋势延续。传统电商发展的"天花板"已经依稀可见,对于电商企业而言,唯有变革才有出路。

传统的线上电商从诞生之日起就存在着难以补平的明显短板,线上购物的体验始终不及线下购物。线下实体店给顾客提供商品或服务时所具备的可视性、可听性、可触性、可感性、可用性等直观属性,线上电商始终没有找到能够提供真实场景和良好购物体验的解决方案。如 3C 产品、服装等领域,已经成为电商的绝对优势区。而某些极其复杂、非标准化的品类,如生鲜电商,则在烧了大量资金后几乎没有成功的案例,"唯电商论"不攻自破。

因此,在用户的消费过程体验方面要远逊于实体店面。不能满足人们日益增长的对高品质、异质化、体验式消费的需求将成为阻碍传统线上电商企业实现可持续发展的"硬伤"。现在人们的生活水平提高了,关注点已经不再仅仅局限于价格低廉等线上电商曾经引以为傲的优势方面,而是愈发注重对消费过程的体验和感受。

安迅物流有限公司是一家以现代物流理念运作,依托于国美集团强大资源网络构建的全国性第三方物流公司,从负责国美商品的仓储、调拨、配送业务逐步成长为拥有 28 年全国仓储、配送一体化服务经验的物流公司。其主要致力于打造电商购物、电视购物及连锁卖场的家电、家具、家装大、中件以及 3C 快消品等综合物流平台。专长于区域分拨、B2C 最后一公里配送。业务范围涵盖:传统门到门物流服务、电子商务物流服务,供应链解决方案。

安迅物流在全国各省(区、市)拥有 428 个仓库,库房面积达 195 万平方米,用于满足客户仓储业务需求;拥有日常管理车辆 6 230 辆,司机 6 545 人,峰值车辆 15 000 辆,用于满足客户配送业务需求;拥有一支专业高效的物流服务团队,目前全国自有员工 6 338 人。安迅物流运营网络覆盖所有的省级城市及大多数地级城市,目前以全国 54 个一级操作中心为核心,和下辖二级操作中心共同构筑了覆盖近 400 个城市的 B2B/B2C 物流网络。以北京、上海、广州、成都、武汉、沈阳、西安 7 个枢纽城市为核心的 CDC(中央配送中心),由 CDC 至一级城市 RDC(区域配送中心),RDC 至二级城市 FDC(前端配送中心),及与各 DC(配送中心)对接的配送点构成的正向、逆向网络。

二、问题提出

伴随着互联网浪潮的来袭,往日的家电行业正在遭受电子商务的洗礼,要么电子商务要么无商可务得到了很多人的认同。然而面对互联网的浪潮袭来,国美显得相当的保守,一直守着自己的核心领域,很谨慎地开拓新的领域。于是乎成就了阿里和京东的后来者居上,老对手、曾经稍逊自己的苏宁也不断拓展线上经济,只留下国美一脸迷茫地留在原点。错过了互联网的浪潮,迎来了阿里京东这样豺狼虎豹般的对手。等反应过来时,江湖已不再是它的江湖,零售行业早已物是人非。

然而当线上的流量趋向饱和,互联网红利渐失,整个行业刮起了新零售之风。线上与线下的融合成为企业关注焦点。伴随着新零售概念的深入人心,这将又是一次零售界的革命,国美近段时间也是动作频频,但它还有希望回到零售行业的第一梯队吗?

另外,新零售时代,企业价值与个体价值连接在了一起,这一时期一个非常明显的特征是以用户为导向而不是以一套固定的流程为导向,不仅仅是连接,更重要的是融合。用户应该成为企业主体的一部分。和传统电商相比,在获客成本和物流成本两个效率新零售占据绝对优势,和传统零售相比,新零售人效、坪效要远远优于传统零售。新零售的实现不仅需要渠道方面的全面布局,还需要各种黑科技的赋能,尤其是大数据资源。

国美的大数据资源就有些不尽如人意了,所涉及的场景较少,很难深层次洞察用户的各种需求。短时间内,可能大数据所带来的"红利"还不太明显,但是未来数据方面的差异一定会在销量上有所体现,这也将是国美参与新零售博弈的最大短板。

三、具体措施

1. 国美新零售战略

2016年,国美控股集团就正式对外公布了国美的新零售战略。国美要构建"6+1"模式下的生态闭环,打造社交商务生态圈。其中,"6+1"模式中的"6"指的是用户端、产品端、平台端、服务端、分享端和体验端,层层递进,最后形成完整的生态闭环;"1"是指线上线下融合。

阿里巴巴集团CEO张勇认为,围绕着人、货、场当中所有商业元素的重构是走向新零售非常重要的标志,而其核心就是商业元素的重构能不能有效,能不能真正带来效率。根据人、货、场这三大要素,我们可以试图揭开国美新零售的图景。

首先是"人"这一要素。在互联网时代,一定程度上,用户即是流量,流量即是金钱,在商业关系中,"人"这一要素逐渐成为核心。因此如何做用户经营,则显得极为重要。在这一方面,国美提出构建以"社交+商务+利益分享"社交电商模式,为用户重塑新零售消费体验。如果使用国美的APP,就会发现其APP上美信和圈子功能被当作重点功能在底部菜单栏。社交属性异常明显。美信和圈子的大数据将为国美构建完整的用户画像,由此为用户提供更好的使用体验。在用户运营上,国美以美店为纽带,重构国美与用户之间的关系。用户可在国美APP上开通美店功能,将国美APP上的货物添加到自己的美店中,分享给身边好友,如果产生交易将可获得佣金。如此,国美是将用户变成了经营者,同时也使用户利益最大化。一定意义上重塑了用户的综合体验。

其次是"货"这一要素。国美致力于打造以家生活为主的品类生态圈。这意味着,未来国美电器将在家庭生活物品方面重点打造,以家用电器为核心,延展到家庭其他生活物品,例如厨卫、家具、装修等方面。为用户提供更加全面的生活品类。在产品生命周期上,国美也提供一站式送、装、修、保养、清洗回收等服务,进一步延长产品的生命周期。此外,国美在货品供应链方面的优势已无须多说,其每年多达上千亿的采购规模,以及包销买断、一步到位价、OEM、ODM等灵活的供应商合作模式,不仅提升商品的周转效率,保证货源充足,还可有效降低采购成本。

最后是"场"的要素。国美的定位非常清晰,聚焦家生活,打造家庭消费生态圈。这也使得国美在新零售的场景方面拓展了更多可能。在线上,国美 APP 作为主入口端,融合了原国美在线的电商功能、GOME 酒窖和国美海外购的供应链资源,以及国美管家的服务,还搭建了社交圈子、分享返利等丰富的线上应用场景。而在线下,国美 APP 连接着全国 400 多个城市的 1 600 多家门店,通过融合不断促进实体门店由卖场到场景的转变。例如,与华为、苹果、海尔、海信等品牌商合作设置智能家庭设计中心和场景化体验馆,根据用户消费需求引入烘焙、电竞、VR 体验等多维度的生活场景,将门店变成"第二生活空间"。

2. 国美·安迅心城配

在前几年实际上大家对于物流的产品无外乎是几个,价格合适不合适,质量行不行,配送是不是精准,是不是按照要求时间来做,这个是锯齿形的,做传统物流出身的比较悲哀的地方,都是靠打价格战打出来的,没有挖掘后面的增值服务和整个售后的流程,实际上整个在国美的体系形成了一个很重要的观点,比如说一年国美卖几百万件的东西,销售完了之后不是服务的终止,而是服务的开始,不是安装完了就完了,实际上是后服务市场的开始。安迅认为在整个大物流的需求背景中,价格合理只是基础,精准送达、按需送达才是消费者最想要的。

比如,我现在上班你现在送货肯定不方便,肯定是在需要的时间送达,还有保证保质,最后还有两个,一个是送货入位,我送的货是按照我客户指定的位置,特别是大件,以前是门到门,现在则是门到位,并且要安装调试好,然后安装好了之后所有的程序在国美云中会专门建档立卡。比如三个月之后我的空调和洗衣机是不是清洗了,通过大数据的分析让国美的管家和国美的售后进行后服务的市场,这个才是处于需求等级的最高点,送完货不是服务的终止,而是服务的开始,最后一个处于最高点的就是保养维修(图 21-1)。

图 21-1 安迅城配服务层级图

(1)安迅城配生态。安迅的城配生态系统分两级,一个是家生态,一个是车生态,家生态的概念是依托于国美的新零售做的,新零售的国美所有的门店是一个家的解决方案,通过订单流实现最后一公里的服务平台。车生态因为以后新能源车是主流趋势,对于新能源车中最难的问题是基础设施的建设,国美的初步的想法是利用现在的门店来做,把国美的门店和库房作为新能源车基础设施的一个方面,国美的门店都有停车点,在今后的整个城市配送的过程中解决基础设施问题(图21-2)。

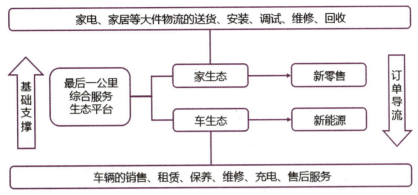

图 21-2　安迅城配生态系统

(2) 安迅生态系统。对于国美整个的体系来说,有三个变化:一是共享的平台,共享的平台不但是从库存、配送和售后,让大家能够在整个的过程中实现利益最大化;二是整个的供应链的平台和运营的平台,供应链平台实际上是有很多国美采购的商品,包括跨境的采购,这个是采购的平台,还有运营的平台;三是通过线上的用户的界面,国美以互联网的界面来实现线上和线下门店的完美的结合(图21-3)。

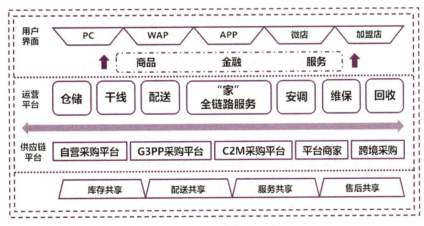

图 21-3　安迅生态系统

(3) 合伙人模式。国美有自己的国美的管家的平台,国美管家的平台就是所有的人都是以合伙人的方式进来,进来之后这些人如果是真正来说是全部作为自己员工的话,一线城市和二线城市是可以做的,但是三线和四线的城市收入是保证不了的,然后来完成大件的配送和安装以及售后的服务,每个人从单纯的技能到有服务的技能,这样的话每个人都是一个独立的经营体。

3. 开放式供应链助力新零售

整个开放式供应链是国美最大的优势。国美供应链不仅是传统的采购环节,还包括了物流体系以及IT体系。

第一，国美采购体系所有的厂家直接供货，有规模优势，节省了空间的成本。到目前为止国美在国内家电3C方面一直都保持了全国最大的竞争力，国美家电比京东至少要低3％—5％，利用规模优势和28年的关系。国美实行中央采购政策，向供应商下大批订单，以此获得较低的进价，通过和供应商建立信息共享系统，参与到供应商的生产计划、产品设计等上游生产中从而获得低成本进价。目前国美已经建立起与供应商通过数据传输的销售、库存信息来参与其重点供应商的生产，并成为长虹、康佳等众多知名电器资源共享、互助互利的利益同盟，同时国美与很多供应商在信息共享方面正在完备中。

第二，国美的物流体系主要是依托国美线下400多个分仓，1600多家门店，京东是"211限时达"实现大家电可配送。时间上，国美是早上11点下单，下午收货，一天送3次，截单时间比京东更晚，送达时间比京东早。国美应在发展过程中，形成大区事业部制，在各大区逐渐建立起总部直接管理下的物流事业部，全面实施"集中配送"的物流模式。日臻完善的国美物流配送系统，每个环节都高度信息化、智能化，使得整个系统的信息循环更快捷、准确，从而提高了物流配送系统的运作效率。达到国美电器物流运转的即时性、有效性、准确性、层级性，从而提高企业的快速反应能力。

第三，IT信息化。国美整个ERP系统和IBM整个合作也是非常强的，像国美很多供应商ERP系统是和供应商展开的，海尔工作人员坐在办公室打开国美ERP的货款单，就可以看到商品在全国的情况。并且，国美电器建立起自身企业信息交流沟通ERP系统，并将企业ERP系统向产业链的前端和后段延伸，增加供应链中供应商的参与信息和客户反馈的心声。同时配套运营信息的POS销售信息系统、WM仓储信息系统、EOS订货系统、自动补货、配送信息获得、商店大卖场及时信息的集成与互联。建立起国美电器内部供应链管理的信息流共享平台。

四、结束语

这是一个"连接"的时代，是一个"共赢"的时代，这是一个"小鱼吃大鱼"的时代。国美旨在建立一个良好的利益分享机制，共同做大蛋糕，变革跨界融合、平台共享、共融共生的全新供应链商业模式，实现1＋1＞2的新渠道、全网络、云生态的产业链。

未来企业的竞争将是数据的竞争，供应链的竞争，技术的竞争，国美零售利用自身的服务网络优势，大刀阔斧地进行新零售、新物流的布局，最终，在新一轮的零售行业变革的背景下，国美零售能否突破重围，后来居上，重回零售行业的前列，我们拭目以待。

思 考 题

1. 新零售时代为物流业带来了哪些冲击？
2. 结合案例，谈谈零售企业与物流服务商如何实现合作共赢。

案例50　新零售时代华润万家供应链优化重构

案例涉及的基本知识点

1. 生态圈，又称商业生态圈，指商业活动的各利益相关者共同建立一个价值平台。各个角色关注其所在的价值平台的整体特性，通过平台撬动其他参与者的能力，使这一系统能够创造价值，并从中分享利益。与生物生态圈相比，有很多类似之处，首先竞争性依然存在，但更多是强化了彼此间的联动性、共赢性和整体发展的持续性；其次弱肉强食的收购、吞并现象依然持续，一些非正当竞争依然存在，这就是生态圈的自由性体现。最后生态圈还存在一些非主流甚至怪异的现象，这是进化的体现。

2. 新零售，是指企业以互联网为依托，通过运用大数据、人工智能等先进技术手段，对商品的生产、流通与销售过程进行升级改造，进而重塑业态结构与生态圈，并对线上服务、线下体验以及现代物流进行深度融合的零售新模式。有学者将新零售总结为"线上+线下+物流"，其核心是以消费者为中心的会员、支付、库存、服务等方面数据的全面打通。

一、案例背景

华润万家是华润集团旗下的连锁零售企业，近几年来华润万家和其他实体零售企业一样都受到了电商平台的巨大冲击。2014年业绩下滑后华润万家开始关闭整合部分门店，2015年做出了拟以33亿元甩卖21家沃尔玛股权的决定。但从2017年起，华润万家逐步适应新零售背景下的消费格局，通过整合供应链和实施全渠道销售等形式，营业额环比增长67%，生鲜区销售环比增长57%，日均客流环比增长7%，消费者整体满意度从86%增长到92%。2018年4月华润万家和京东、腾讯等企业达成合作伙伴关系，在新零售道路上开启新的征程。

华润万家在供应链环节中处于"信息孤岛"的地位，缺乏与顾客和供应商的有效信息沟通，只能依靠日常销售情况进行订单预估和商品销售架构模拟；由于缺乏及时有效的市场信息，供应商和华润万家只有通过保有大量库存，才能确保不出现短缺库存的现象，这就会导致供应链中的"牛鞭效应"预测误差，大大增加了华润万家的库存成本；供应链各节点企业受制于较大的成本压力，不得不采取以竞争为主、合作为辅的供应链竞争模式，不利于实现供应链整体环节的效率最优。

二、问题提出

1. 以华润万家为核心供应链各节点企业缺乏建立战略联盟的合作意识

华润万家基于商品种类和门店数量会进行一定程度的联合采购,借助强大的议价能力,寻求最低的采购成本。但这种联合采购模式以华润万家的需求拉动为主,供应商只能被动地提供货物,易造成整个供应链的库存积压,大大增加了华润万家和供应商的库存成本,迫切需要基于互信机制的战略联盟实现供应链管理最优化。但目前中国的企业与企业间的互信机制尚未建立,所形成供应链联盟的广泛信任和依赖关系的基础不够牢固,不能形成风险共担、利益共享的合作机制,不利于构建合作型战略伙伴关系。

2. 华润万家的供应链管理模式难以实现最优的客户关系管理

基于电子商务模式的供应链核心流程分别为销售管理、仓储管理、运输管理、配送管理、客户关系管理、采购管理、计划管理和系统用户管理。针对华润万家这类重视线下消费流量的传统零售企业,客户关系管理就成为重中之重。但华润万家对于用户的具体消费行为分析缺乏数据支撑,用户流量数据来源匮乏,无法针对不同类型客户的购买频率和商品结构进行及时有效分析,也就得不到客户的需求情况和购物发展趋势,对顾客需求变化就不能做出迅速的反应,不能及时调整商品结构和经营策略,造成线下客户流量流失,阻碍华润万家的进一步发展。

3. 华润万家缺乏平台可视化的现代物流配送体系

顾客需求是最根本的发展导向。平台型电商与华润万家合作优化后的供应链不仅包含众多供应商、零售商之间的物流环节,还增加了通过电商平台下单、消费的线上客户群体的配送需求。而华润万家只有上游采购环节,缺乏下游同城配送的物流体系,无法满足线上顾客的即时送达和商品动向的随时跟踪需求,注定不能适应新零售背景下的顾客消费观念升级,所以急需构建平台可视化的现代物流配送体系,满足线上顾客的快速定制的配送需求。

4. 急需构建以华润万家为核心的智能零售生态圈

华润万家的供应链只包含上游供应商,而且局限于超市规模和采购数量,无法真正掌握供应链环节中的话语权和主动权。同时电商企业与华润万家的合作为其带来庞大的线上消费流量,如何更好地满足这一批线上消费者的消费意愿也成为华润万家需要思考的问题。基于大数据共享的智能零售生态圈可以将供应商、华润万家和线上线下消费者联合起来,形成以华润万家为核心的智能零售生态圈,提高其在供应链管理中的话语权。

三、具体措施

1. 基于"新协同"视角构建华润万家智能零售生态圈

(1) 构建基于供应商管理系统的战略联盟。在新零售背景下,平台型电商企业为华润万家构建基于大数据的供应商管理系统,对商品的市场需求、季节需求和刚性需求进行分类管理,华润万家和供应商同时分享市场信息,实现了上游企业和下游企业的信息共享。供应商对商品的销售信息详细掌握,针对不同商品制定不同的供应策略,实现自动退换货。这种供应商管理系统将供应商和华润万家牢牢绑定,形成了风险共担、利益共享的战略联盟。

(2) 以大数据共享为依托实现客户关系管理最优化。华润万家借助电商企业的大数据收集整合分析优势,建立电子商务团队进行数据跟进整合,对消费者进行更好地分类以便针对营销。运用大数据接入口和广泛的支付模式,发布消费者最需要的商品信息和精准化投放商品信息,为消费者带来便捷的消费生活体验。同时借助全景购物、消费场景化、众筹购物体验圈等智能服务模式,为消费者打造足不出户的全真模拟购物体验,提升消费者的购买意愿。

(3) 建立平台可视化的现代物流配送体系。华润万家由于缺乏线下配送的基础设施和相关经验,选择与第三方物流企业在同城配送领域进行合作,由第三方物流公司根据线上平台的客户订单进行配送安排,华润万家只负责分析客户评价和配送业务考核,这在很大程度上减轻了其配送压力。同时专业化的配送服务和在平台实时追踪商品的物流信息的功能,提升了客户的消费体验,有利于良好口碑的积累和消费群体的延伸。

(4) 构建以华润万家为核心的智能零售生态圈。华润万家借助电商企业的大数据分享优势、线下门店的商品零售经验、较强的人群认知度和明显的品牌效应、线上电商平台先进的数据分析技术、实时调度云端跟踪的智能中央供应链,实现消费者线上线下的跟踪分析。同时在智慧零售应用产品共享方面,还借助智能推荐、全景购物、AR易购、消费场景化等诸多智慧服务内容,为其提供多样化的运营和营销工具。供应商管理系统的构建有利于实现供应商、华润万家的信息共享,优化整条供应链,建立信息化的新零售供应链模式。实现以"新协同"的视角构建包含线上销售平台、线下实体店以及家电、母婴、食品百货等众多供应商和服务延伸地域的消费者在内的智能零售生态圈。

2. 新零售背景下零售企业的供应链优化重构

(1) 线上线下消费场景体验化成为消费推动因素。不同于传统简单的实体店零售模式,在电商平台和零售企业合作的新零售模式下,消费者才是销售模式的核心,个性化、定制化、体验化、社交化等新的消费标签要求零售企业提供更广范围内的体验式消费服务,实现消费场景体验化,通过真实场景模拟来提高客户的购买欲望,激发消费者的共鸣,促进产品和服务的销售。

(2) 发展社区流量成为线下门店的主流趋势。在场地租金攀升、企业利润下降的大环境下,门店越开越小已成为中国实体零售不可阻挡的发展趋势,便利店、精品超市、社区型购物中心等社区商业将成为零售企业寻求转型升级的重要方向。从长期发展来看,"小而美"的社区化零售业态将更符合新形势下消费市场的客观需求,社区作为线下主要流量入口的作用将愈发重要。

(3) 以大数据分析为基础的消费智能化愈加重要。在互联网的大背景下,结合云计算、大数据、AI技术以及移动支付等新技术手段,电商平台可以记录下消费者的购买信息、消费偏好等数据以零售企业的不同网点的辐射范围进行划分并进行数据分析,易获取消费者的偏好信息和购物满意度,依据辐射范围内的消费者的消费偏好进行商品销售,逐步实现销售过程的智能化。

(4) 实现供应链整体环节的模式重构。在零售企业供应链阶段的特点是层级式的低效复杂;在平台电商的供应链阶段,虽然形成了点对点的服务模式,但线上与线下却是分离的。到了电商平台和零售企业合作的新零售模式下供应链将进行模式重构,包括智能分仓以针对不同区域安排商品的种类和数量;以店为仓将门店作为仓库的载体,实现店仓结合构建柔性供应链等等方面,最终的目的就是形成以零售企业为核心的智能中央供应链模式。

四、结束语

在这个不断发展的大环境下,新零售的出现无疑对现有零售行业产生了冲击,华润万家通过构建生态圈、整合供应链,利用现代大数据系统不断自我优化提升自身实力,最终在零售行业站稳脚跟。只有不断发展的企业才不会被这个社会淘汰!

思 考 题

1. 谈谈新零售的出现对华润万家发展的影响。
2. 结合案例说明华润万家是如何建立零售生态圈的。

第二十二章　供应链风险

供应链系统是一个复杂的系统。供应链风险的来源是各种不确定性因素的存在;由于供应链网络上的企业之间是相互依赖的,任何一个企业出现问题都有可能波及和影响其他企业,影响整个供应链的正常运作,甚至导致供应链的破裂和失败。进行供应链风险的识别、评估与预警,可以达到及时预防、控制和转移风险的作用,保证整条供应链连续、平稳、有效地运行,实现利益共享、风险共担。

案例51　福特汽车的自我救赎

案例涉及的基本知识点

供应链风险(supply chain risk,SCR),是指供应链系统运行过程中,由于供应链网络的复杂性使供应链易遭受内外部环境干扰面临许多不确定性,导致供应链实际收益偏离预期收益,造成预期收益下降的因素被称为供应链风险。

一、案例背景

福特汽车公司成立于1903年,是世界上第四大工业企业和第二大小汽车和卡车生产商,在全世界大约有36万名职工服务于汽车、农业、金融和通信领域。福特公司的多元化经营范围分别包括电子、玻璃、塑料、汽车零部件、空间技术、卫星通信、国防工程、地基开发、设备租赁和汽车出租。它有三个战略经营单位——汽车集团、多样化产品集团和金融服务(财务公司)。汽车集团是公司的主营业务单位,有两大组成部分——北美汽车公司(NAAO)和国际汽车公司(IAO)。北美汽车公司在美国、加拿大和墨西哥有50多套组装和生产设施。国际汽车公司在22个国家有经营单位,主要分布在三个地区——欧洲、拉丁美洲和亚太地区。此外,公司还和9个国家的汽车生产商有国际商业联系,福特的汽车销售到180多个国家和地区的市场。

2018年5月2日,福特的一家关键零部件供应商镁瑞丁(Meridian)在密歇根州的工厂发生火灾,直接导致福特三家工厂停产(图22-1)。其中影响最大的车型是F-150系列皮卡。对于福特公司,这款车是摇钱树、是不可或缺的。在美国,F-150是福特旗下的最经典皮卡,是 F 系列中销量最高的车型,并高居美国的十大畅销车排行榜的榜首,连续多年获得美国最佳汽车称号。

图 22-1　镁瑞丁发生火灾(资料来源:汽车新闻网)

在 2017 年,福特 F-150 销售了近 90 万辆,平均售价为 4.6 万美元,全年创造了 410 亿美元的销售额,占福特公司总销售额的 28%。这款车每天能够贡献超过 1 亿美元的销售额,也就是每一秒钟实现了 1 300 美元的销售,折合人民币 8 300 元。2018 年 1 月到 4 月,F-150 销售额比上年同期增长了 4%,表现相当抢眼。

图 22-2　F-150 皮卡

从 5 月 7 日开始,福特密苏里州堪萨斯城的卡车装配厂关闭,约有 3 400 名工人暂时停工,原因是镁瑞丁供应的零部件短缺。5 月 9 日,福特在迪尔伯恩的卡车工厂也被迫关闭,影响了大约4 000名工人。F-150只在这两个工厂建造,也就是说该车型全线停产。镁瑞丁公司是北美地区镁散热器的最大供应商,它的产品也应用于福特卡车上。

镁是一种轻金属,比铝还要轻,使用镁合金能减轻车身重量,并有助于提高燃料效率,所以倍受各大汽车厂商青睐。但镁是一种非常危险的材料,容易引起自燃、爆炸和火灾。大约一年前,镁瑞丁的这家工厂已发生了一场小型火灾,所幸没有造成供应链的断裂。值得一提的是,在2013年,来自中国的万丰奥特控股集团收购了镁瑞丁。而这家公司是北美唯一有能力按福特要求生产镁散热器的供应商,也就是说它是福特在北美仅有的选择。

二、问题提出

供应链风险最大的特征就是不确定性,同时也是客观存在的,只要有供应链活动的地方,就会有风险。然而面对如此突然的危机,威胁到的是整个供应链,如果不能及时地解决汽车零部件的供应问题,福特汽车公司将会面临巨额的利润损失。为了尽力挽回损失,福特公司又是如何处理这一突发事件的呢?以及折射出什么问题?

三、具体措施

福特公司有84天的F系列卡车库存。虽然看起来福特的销售不会受到太大的影响,但是当一款车型的销量占公司销量的四分之一时,任何生产供应的中断都会引起内部巨大的恐慌,特别是福特几乎将所有鸡蛋都放在卡车和SUV这个篮子里,公司的经营风险是非常大的。只依赖少数车型来推动整体的销售,公司财务的底线对这些突发事件异常敏感,根本经受不起任何的风吹草动。

1. 快速反应策略

面对这场突如其来的供应危机,福特公司立即展开行动,力图恢复零部件供应。福特迅速组建了一支团队,负责翻新和重新安置生产汽车部件所需的模具。

就在5月2日火灾发生的数小时后,这支团队已经到达了镁瑞丁工厂附近待命,他们搭起了帐篷过夜,只等火灾熄灭,得到消防局的准许后,冲进厂房内抢救出一些最重要的设备。

2. 寻找替代工厂

在危机之下,福特必须寻求一切能获得的援助,不管是从合作伙伴,还是从竞争对手那边。当供应链断裂的事件发生时,每个人都是你的朋友,即使是你的竞争对手也是你的朋友。考验福特公司人品的时候到了,这时候就能看出一家百年老店的底蕴有多深了。在找遍了美国、加拿大、英国、德国和中国的各种资源以后,福特和镁瑞丁很快找到了生产替代方案。但是福特最担心的还是镁产品的产能,这是一种高度专业化的金属,解除危机的关键是多快能够获得足够的生产能力。经过快速地决策,福特在英国诺丁汉锁定了一家替代工厂。

3. 解决运输难题

接下来的任务是把从火灾中整理出来的 19 副冲压模具空运到英国,这些货物的重量达到 40 吨,一般的货运飞机无法一次承载这么大的运量。福特为此找到了一款俄罗斯的运输机——安 124 运输机。这款由苏联安东诺夫设计局出品,目前世界上第二大的运输机,在性能上优于美国的 C-5 运输机。福特需要寻找一个可以让安 124 运输机起降的机场,为此联络了俄亥俄州的哥伦布市的机场,随后的工作是协调好卡车和起重机,准备好装货。

4. 有条不紊地生产

数百名福特员工在全球范围内协调工作,在不到 24 小时内安排好一切事情,这已是一个非凡的成就了。5 月 8 日,安 124 装载着 40 吨的货物从美国飞往英国诺丁汉,在那里进行关键零部件的生产加工。从 5 月 14 日开始,加工完成后的零件从英国每天空运回美国福特的工厂,只是这次不再要动用安 124,而是转由波音 747 货机执行任务。

四、结束语

福特依靠其全球供应伙伴以及内部团队成功克服这次的挑战,这凸显出供应商关系的重要性。供应商关系管理(supplier relationship management,SRM)是采购与供应商品或服务的组织之间全面的管理,目标是使企业和供应商之间的流程更加合理有效。与供应商的关系需要不断维护,为的就是防止一旦遭遇到"黑天鹅",企业能够立即获得各种援助,渡过难关。从这次事件里可以看出福特在汽车行业里的关系网还是很给力的。

思 考 题

1. 对于福特公司这样的情况,把如此关键的零件供应仅仅放在一家供应商生产,而且需求量又是如此巨大,供应风险评估应该是在做战略采购的时候就要谨慎考虑的。根据卡拉杰克供应矩阵,是否应该考虑开发培养备选的供应商?

2. 结合本案例,谈谈面对未知风险时企业应做哪些打算?在风险发生后,企业应如何及时补救?

案例 52　华为供应链风险管理

> **案例涉及的基本知识点**
>
> 风险管理，是指在项目或者企业一个肯定有风险的环境里把风险可能造成的不良影响减至最低的管理过程。

▶ 一、案例背景

华为创立于 1987 年，是全球领先的 ICT（信息与通信）基础设施和智能终端提供商。目前华为约有 19.5 万名员工，业务遍及全球 170 多个国家和地区，服务 30 多亿人口。华为的供应链围绕产销研集成、极简供应和韧性供应网络等跨流程的关键场景持续迭代算法模型，通过智能运营进行业务模式更新和流程重构，提高了运营效率。华为持续优化精密器部件制造的数字化技术，实现了设计与制造数字化融合能力在信息与通信基础设施和终端新产品的全覆盖。华为的采购数字化建设也在稳健推进，构建了敏捷自动化的采购作业平台和供应商采购统一协同平台，基本达成供应商全连接协同，主流供应商伙伴 100% 全连接，有效提高了采购作业及协同效率。

▶ 二、问题提出

1. 环境风险

华为目前在世界上 170 多个国家和地区开展业务，由于国际经济及政治形势纷繁复杂，在不同国家开展业务会涉及一定的特有风险。美国政府通过其国内法律切割华为在美国的市场和技术联系，动用盟国体系要求盟国通过行政和法律手段排挤华为，动用金融手段对和华为开展业务的非美国公司进行制裁。截至 2021 年 4 月，美国共计对华为实施 47 次打击行为，打击措施包括压缩市场、供应链打击以及为打击寻找借口等。

从 2009 年起，华为便开始投身于 5G 的研发工作。时至今日，华为的 5G 技术水平已经远超国际电信联盟制定的技术标准。截至 2021 年底，全球 200 多家运营商部署了 5G 商用网络，5G 用户数超过 7 亿。华为受到美国政府的制裁之后，以 2018—2020 年公开的 5G 设备合同数量计算，华为占据的市场份额已经从超过 70% 下降至不足三分之一，如图 22-3 所示。

与 5G 设备全球市场相类似，华为智能手机的海外市场份额从 2018 年底开始经历快速而持续的下降，如图 22-4 所示。

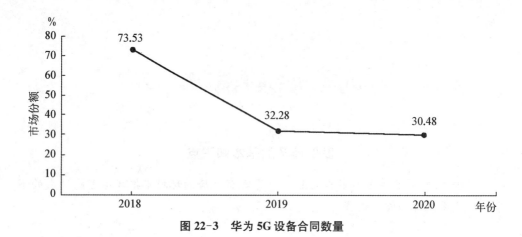

图 22-3 华为 5G 设备合同数量

图 22-4 华为智能手机的海外市场份额

2. 运营风险

在当今高度国际化社会分工的背景下,华为的采购、制造及全球技术服务等业务都依赖于与第三方厂商或专业机构的广泛合作,业务中断将直接或间接地对华为的业务和运营结果造成不利影响。虽然华为已采取严格的信息安全措施全方位地保护知识产权,但不能完全防止其他厂商采用各种不正当手段使用华为的信息或专利,尽管可以通过知识产权诉讼进行保护,仍然会给华为造成损失。

3. 供应商风险

华为是无线网络、固定网络、云核心网、移动终端、服务与软件和 IT 基础设施等产品和服务的提供商,为提供上述设备和服务需要采购数量繁多和类型复杂的芯片、器件和软件,其供应商广泛分布于中国、美国、日本、韩国、瑞士、德国等国家和地区,而在其所采购的芯片、器件和软件的生产制造过程中需要更为广泛的设备、工具、软件、材料、零件和配件等底层供应商参与其中,华为的核心供应商有 83 个,其中美国供应商有 33 个。华为公司在对芯片、操作系统和射频方面极大程度依赖从美国进口,尤其是在美国将华为公司列入"实体清单"之前,其操作系统完全依赖于美国企业的供应。在芯片方面,除了手机终端的控制芯片可以实现国产替代,目前华为公司的其他芯片依然高度依赖美国。此外,其云计算的硬件设备还是高度依赖美国。华为产品的大部分高端零部件短期内很难找到替代厂商。总之,美国政府通过单边立法限制美国技术用于华为供应链,涉及华为的供应商和底层供应商,因而对华为供应链产生了极为深远而不利的负面影响。

4. 物流风险

2019年5月,美国联邦快递在美国商务部将华为列入实体清单后,对华为的快递实施扣押、擅自转运、拒收和私自查看机密文件等一系列非正常操作,造成了华为局部物流的一度瘫痪,从而扰乱了公司的正常运营,侵犯了公司的权益,严重威胁到华为的安全和利益。华为的业务分布在全球,具有全球物流服务的需求,需要能覆盖全球范围的高水平物流企业为之服务。华为公司的物流命脉如果掌握在外资企业手中,那么企业就可能存在物流断供和供应链断链等经营风险,从而受到掣肘,甚至威胁到公司的生存和发展。

5. 财务风险

华为供应商广泛分布于中国、美国、日本、瑞士、韩国、德国等国家和地区,底层供应商来源更为广泛,华为客户也是广泛分布于全球170多个国家或地区。每个国家或地区的技术标准、市场准入、贸易政策和投资规范等各有差异,因而合规投入巨大,包括当地法务人员聘用、合规咨询、管理投入和合规措施相互牵制等导致协调成本上升和经营效率受损。此外,华为需要对新的采购链和供应链展开谈判,采购链发生变化,不仅会影响成本,而且对产品的可靠性也是一个考验。华为还要针对一些目标国家重新进行市场准入的谈判,很可能要为进入该国市场支付更多费用。

三、具体措施

1. 加大自主研发力度

2021年,华为加大了研发投入,研发费用为1 427亿元,占销售收入的22.4%,目前,华为研发投入在全球企业中位居第二。华为将核心供给商所提供的技术划入自主创新目标的范围内,考虑到科学技术的研发周期性长,华为还组织专家团队对其所在领域未来的技术发展方向进行研究,确保研发方向的正确性。为应对外部环境风险,中国高新技术行业中的头部企业从之前的竞争关系转变为竞合关系,华为联合行业力量尽快打造了国内供应链,以便摆脱对外国技术的依赖。新兴技术所解决的问题是全球性的,许多技术研究需要通过跨学科交叉完成,华为通过与多国企业或研发机构联合开发高新技术以提升其在全球价值链中的位置。

2. 保障市场空间

华为突破技术封锁的前提条件是华为能够维持自身的市场基础,从而支撑巨额的研发投入,同时利用自身作为领航企业的巨大市场影响,不断向产业链和供应链辐射、促进、协调和整合相关的技术研发,为相关企业提供技术研发所需的市场应用场景,并且为相关企业提供充足的市场订单支撑其技术突破所需的研发投入,最终实现整个产业体系和供应体系在技术突破与产业升级上的有效协同。华为始终把保障市场空间,尤其是国内市场空间作为一项关键的应对措施,并重视合规管理,强调合规开拓海外业务。市场多元化有助于避免对单一市场的依赖,在市场禁入下保持更高的市场韧性,为组织对抗逆境提供丰富的财务资源。

3. 健全供应商管理制度

华为坚持全球化和多元化的供应策略,在新产品设计阶段,从原材料级、单板级、产品级支持多元化供应方案,积极发展供应资源,保障原材料供应多元化,避免独家供应或单一地区供应风险,确保产品供应的可持续性。华为逐渐重视对国内供应商的培育,强调与供应商深度协同,通过IT系统实现需求预测、采购订单和供应商库存的可视化,确保需求的快速传递和供应的快速反应。

4. 实施库存冗余策略

供应链冗余使得企业不至于在断供打击下立刻陷入休克状态,得以在寻求替代性解决方案的时期保持生产活动的连续性。冗余策略包括冗余库存、冗余产能和冗余IT系统等,华为对于供应链关键薄弱环节实施了库存冗余策略,通过供应链管理理念及模式的转变,提升供应链的韧性。在量产阶段,为满足客户需求,应对全球疫情、极端自然灾害、贸易冲突、需求波动以及供应行情等不确定性变化,华为组织建立从原材料、半成品到成品的合理安全库存。华为实施全生命周期备件储备策略,在产品停产之前,按照市场需求与历史用量滚动进行备件储备;在产品停产之后,按照全生命周期预测一次性做足备件储备,确保客户现网设备运行的连续。

5. 提高组织韧性

华为的领导者具有忧患意识,促使管理团队采用主动识别模式对环境威胁进行超越风险事件本身特征的解读。华为针对可能的风险制订应急预案以应对物流与供应链系统受到冲击甚至断链等不能正常运转的突发情况,也制订了供应链短期不能修复或者无法继续情况下的替代方案,特别是针对供应链中的关键节点或替代性小的节点,做足应急措施和备选方案,让企业正常经营不受影响。经过多年的持续建设,华为已在采购、制造、物流及全球技术服务等领域建立了从供应商到华为、从华为到客户的端到端业务连续性管理(business continuity management, BCM)体系,并通过建立管理组织、流程和IT平台,制定业务连续性计划及突发事件应急预案,开展员工BCM培训及演练,提升各组织BCM意识和应对突发事件的能力,确保对日常业务风险的有效管理。

四、结束语

在充满不确定性的时代,企业必须具备很强的供应链风险管理能力才能保证基业长青。供应链风险可能来源于政治、经济、商业和自然环境等多个方面。优秀企业不仅需要规避重复发生的重大风险,也要为偶发性的高风险事件制定应急预案,并持续监控其他风险因素,确保企业的可持续发展。

思 考 题

1. 华为公司面临的主要供应链风险有哪些?它是如何防止供应链风险的?
2. 华为供应链危机给我国高新技术企业的启示有哪些?

参考文献

[1] 文蔚.跨过五亿坎——贵州益佰制药通过 DRP 提升管理[J].每周电脑报,2003(10).

[2] 吴巍.贵州益佰的运输成本管理[J].物流技术与应用,2012(2):58-60.

[3] 李艳伟,贺佳,何任杰.低碳视角下多式联运经济性能实例分析——以郑明物流为例[J].物流技术,2020,39(3):67-73.

[4] 李冰漪.开创第三方物流的新征程——专访郑明现代物流研究所所长储雪俭教授[J].中国储运,2016(06):33-35+32.

[5] 郭旻,曾嘉,严季.日本宅急便的经营之道[J].交通世界(运输·车辆),2011(21):116-117.

[6] 杨国荣.运输管理实务[M].北京:北京理工大学出版社,2010.

[7] 熊国经,吴璟珅.试析日本第三方物流主力宅急便的发展战略[J].科技经济市场,2008(8).

[8] 陈叙龙.美的物流 WMS 系统设计与实现[J].物流技术,2014(06):62-66.

[9] 代静云.智能化仓储物流对企业运转效率的影响——以美的仓配一体化运转模式为例[J].广西质量监督导报,2018(10):48.

[10] 阳志琼.华瑞物流运营问题及策略分析[J].物流工程与管理,2011,33(12):53-54.

[11] 华瑞物流股份有限公司官网.[EB/OL].[2021-09-12].http://www.huarui56.com.cn/.

[12] 张晶.夏晖物流:与麦当劳"共生"的"鱼"[J].物流技术(装备版),2011(8):30-31.

[13] 麦当劳的采购谁在管.[EB/OL].[2021-09-12].http://www.6eat.com/Info/201204/384705_1.htm.

[14] 杨宇暄.全球最大连锁便利店 7-Eleven 战略发展分析[J].现代商业,2018(34):18-19.

[15] 李玉珍,付铁山.连锁便利店物流系统的创新实践与理论研究——以"日本 7-11"为例[J].物流技术,2015,34(13):35-37.

[16] 周丽.供应链环境下的联合库存管理研究[D].武汉:武汉科技大学,2010.

[17] 联合利华在中国[EB/OL].[2021-09-12].http://www.unilever.com.cn.

[18] 联合利华物流外包上海友谊[EB/OL].[2021-09-12].http://www.cnki.com.cn.

[19] 中海物流公司简介[EB/OL].[2021-09-12].http://www.csl.cn/a-1.asp.

[20] 中海物流管理信息系统[EB/OL].[2021-09-12].http://www.docin.com/p-226851077.html.

[21] 宋杰.物流信息化管理及发展[J].中国市场,2007(15):66.

[22] 柯新生,李媛.实施物流信息化管理的方法研究[J].物流技术,2007(9):102-104+121.

[23] 姚娟.基于电子商务的企业物流管理——日本花王公司的案例分析[J].市场周刊(新物流),2007(11):32-33.

[24] 日本花王株式会社"花王公司"案例分析[EB/OL].[2021-09-12].https://www.doc88.com/p-008703603082.html.

[25] 董丽丽.从家乐福现象看我国零供关系[J].北京工商大学学报(社会科学版),2011(5):46-49.

[26] 王文慧.家乐福:用信息化打造竞争力[J].企业改革与管理,2010(1):67-68.

[27] 倪跃峰,杨楠楠.家乐福渠道运行中零售商与供应商的关系管理[J].管理案例研究与评论,2009(3):153-163.

[28] 家乐福在中国.[EB/OL].[2021-09-12].http://www.carrefour.com.cn.

[29] 海尔物流的成功[EB/OL].[2021-09-12].http://www.chinawuliu.com.cn/xsyj/200801/25/138806.shtml.

[30] 海尔企业物流配送管理模式[EB/OL].[2021-09-12].http://www.56888.net/news/201075/336234098.html.

[31] 美的集团EDI应用案例[EB/OL].[2021-09-12].http://www.chinawuliu.com.cn/zhuanti/201202/09/178587.shtml.

[32] 成本控制案例:美的——供应链双向挤压[EB/OL].[2021-09-12].http://www.docin.com/p-710886693.html.

[33] 中华人民共和国国家质量监督检验检疫总局,中国国家标准化管理委员会.中华人民共和国国家标准:物流术语(GB/T 18354-2006)[S].中国标准出版社,2007.

[34] 戴尔供应链管理模式[EB/OL].[2021-09-12].http://www.56888.net/news/2011628/854055491.html.

[35] 财富中国:世界五百强排名[EB/OL].[2021-09-12].http://www.fortunechina.com.

[36] 朱鼎臣.沃尔玛供应链管理案例分析[J].现代商业,2008(35):37-38.

[37] 张庆英.物流案例分析与实践[M].北京:电子工业出版社,2010.

[38] 刘玉春.中国会员制仓储商场发展策略研究[D].北京:华北电力大学,2008.

[39] 王凤平.麦德龙在中国的竞争战略案例分析[D].哈尔滨:哈尔滨工程大学,2005.

[40] 王培桓.生鲜加工配送中心是连锁超市经营生鲜食品的核心支柱[J].中国市场,2006(38):48-50.

[41] 李荷华,解旭峰.国内连锁超市的核心竞争力分析[J].中国市场,2009(41):25-27+30.

[42] 李季芳.基于连锁超市的生鲜农产品供应链管理模式研究——以家家悦连锁超市为例[J].山东财政学院学报,2009(2):73-76.

[43] 杨权.UPS供应链金融发展对我国物流企业发展的启示[J].广西质量监督导报,2020(7):154-155.

[44] 蔡秀岩.UPS何以成金融大鳄[J].创新世界周刊,2019(4):88-91.

[45] 张艳.UPS与京东各具特色的供应链金融服务[J].企业管理,2017(4):65-67.

[46] 江西邮政速递公司简介[EB/OL].[2021-09-12].http://sdwl.jxpost.com.cn/about/index.html.

[47] 李临健,刘浩华,李鸿展.基于新农村建设背景下的农村物流建设——以赣南为中心的探讨[J].赣南师范学院学报,2010(5):117-120.

[48] Rusnac C. M., Baboli A., Moyaux T., Botta-Genoulaz V.. Downstream Pharmaceutical Supply Chain Reorganization by Considering the Sustainable Development Criteria[J]. IFAC Proceedings Volumes,2012(6):528-533.

[49] 顺丰集团官网[EB/OL]. https://www.sf-express.com/cn/sc/index.html.

[50] 李咏梅.民营快递企业的发展之路[J].现代企业,2011(8):42-43.

[51] 刘兆国.申通快递:构建完善适用的物流运作体系[J].物流技术与应用,2009(12).

[52] 申通简介[EB/OL].[2021-09-12].http://www.sto.cn/.

[53] 天地华宇简介[EB/OL].[2021-09-12].http://www.tdhysh.com/hoau.html.

[54] 苏庆华.天地华宇:融合中的力量[J].当代经理人,2010(10):66-69.

[55] 李会.天地华宇:细分市场提升核心竞争力[N].经济日报,2010-12-01.

[56] 张俭.天地华宇振兴之道[J].中国物流与采购,2009(13):48-50+9.

[57] 徐水波.冠通中国一路领先——天地华宇整合升级之路[J].中国物流与采购,2009(24).

[58] 李联卫.物流案例与实训[M].北京:化学工业出版社,2009.

[59] 李雪凯,朱晓宁.浅析我国物流企业信息化发展——探析宝供物流企业集团信息化成功经验[J].物流工程与管理,2011(2):6-8.

[60] 宝供物流官网[EB/OL].[2021-09-12].http://www.pgl-world.com/.

[61] 宝供物流数字化转型与升级[EB/OL]. http://news.hexun.com/2021-03-30/203308210.html.

[62] 邵文明,严峻.基地化运作下的安吉物流业务分配模式研究[J].知识经济,2007(12):125-126.

[63] 安吉物流官网业务领域[EB/OL].[2021-09-12].http://www.anji-logistics.com/business.

[64] 刁硕,曹佳懿,刘钰云,等.京东商城物流配送模式调查[J].上海商学院学报,2011(S1):10-13.

[65] 李吉月.浅析我国B to C电子商务的物流配送问题——以京东商城为例[J].物流科技,2011(10):108-111.

[66] 京东物流官网企业介绍[EB/OL].[2021-09-12].https://www.jdl.cn/profile/.

[67] 马彦华,路红艳.智慧供应链推进供给侧结构性改革——以京东商城为例[J].企业经济,2018(6):188-192.

[68] 汝宜红,伯惠等.配送管理[M].北京:机械工业出版社,2010.

[69] 李文杰,李珂.浅析乳制品冷链物流[J].现代商业,2010(29):33-34.

[70] 孟军齐.乳制品冷链物流发展策略研究[J].中国市场,2011(28):26-27+30.

[71] 欧阳明辉.我国鲜奶物流配送问题及对策研究[J].现代商业,2011(33):18-19.

[72] 于建,窦媛媛.光明提价自称5%超市涨近10%[N].北京晚报,2012-12-19.

[73] 解润宇.大数据背景下O2O模式的转型与发展趋势探究——以货拉拉为例分析[J].电子商务,2019(8):35-36.

[74] 丁毓.货拉拉——"货运版滴滴"的开拓之路[J].上海信息化,2019(7):71-74.

[75] 徐维莉.我国同城货运物流的格局、困局与破局[J].商业经济研究,2020(14):118-121.

[76] 壹米滴答官网企业简介[EB/OL].[2021-09-12].https://www.yimidida.com/.

[77] 优速快递官网产品介绍[EB/OL].[2021-09-12].http://www.uce.cn/.

[78] 物流综合服务平台独角兽——壹米滴答[EB/OL].[2021-09-12].https://zhuanlan.zhihu.com/p/107682456.

[79] 盛鑫,蔡芒,吴志华.基于物流企业视角的供应链金融业务运营风险研究——以中储运为例[J].物流技术,2019,38(10):79-82,113.

[80] 黄冲.中储发展股份有限公司物流金融风险管理的改进研究[D].秦皇岛:燕山大学,2015.

[81] 赵奕.上汽通用打造"环保全产业链"[N].第一财经日报,2010-12-07.

[82] 宫广军.上汽通用汽车绿色供应链打造又新增80家[N].解放日报,2009-05-20.

[83] 李晓聪,冯晓丽.互联网时代体育用品企业商业模式创新研究——基于李宁公司发展困境分析[J].安徽体育科技,2016,37(5):3-7.

[84] 祝方园.中外运动服装企业供应链比较研究——以耐克和李宁为例[J].商场现代化,2015(32):67-69.

[85] 胡燕,郭文瑞.李宁公司存货管理探讨[J].九江学院学报(社会科学版),2015(3):116-119.

[86] 马运超.站在悬崖边的中国第一体育品牌——基于李宁公司财务报告分析[J].财会通讯,2015(5):95-97.

[87] 邱映贵.供应链风险传递及其控制研究[D].武汉:武汉理工大学,2010.

[88] 卓弘毅.供应链风险控制管理的三个步骤[Z/OL].[2021-09-12].https://mp.weixin.qq.com/s/tn-IWF15w41nawgjFWnABA.

[89] 中通快递企业概述[EB/OL].[2021-09-12].https://www.zto.com/companyIntroduce/companyProfile.html.

[90] 典型案例:快递服务制造业的一汽"样本"[EB/OL].[2021-09-12].https://baijiahao.baidu.com/s?id=1681211432547363334&wfr=spider&for=pc.

[91] 华为公司简介[EB/OL].[2021-09-12].https://www.huawei.com/cn/corporate-

information.

[92] 华为与伙伴:"有所为"的星辰大海和"有所不为"的规则边界[EB/OL].[2021-09-12].https://hea.china.com/article/20220620/062022_1088459.html.

[93] 华为发布最新全球合作伙伴策略,围绕四大举措实现合作共赢[EB/OL].[2021-09-12].https：//baijiahao.baidu.com/s?id=16600174475779564088&wfr=spider&for=pc.

[94] 合肥兴泰商业保理有限公司简介[EB/OL].[2021-09-12].https：//www.hfxtbl.com/gongsijianjie.

[95] 狄华军.资源、环境约束下的企业绿色物流一体化管理新模式[J].环境工程,2022(1)：266-267.

[96] 何景师,王术峰,徐兰.碳排放约束下我国三大湾区城市群绿色物流效率及影响因素研究[J].铁道运输与经济,2021(8)：30-36.

[97] 宋子昂.生态环境保护视域下的绿色物流发展策略[J].环境工程,2021(10)：269.

[98] 尤美虹,颜梦铃,何美章.5G应用驱动下绿色物流能力拓展模式探析——以菜鸟、京东为例[J].商业经济研究,2020(19)：103-106.

[99] 符正平,叶泽樱.大国博弈下全球供应链的中断风险与"备胎"管理——基于华为公司的案例[J].江苏社会科学,2021(4)：111-119.

[100] 任星欣,余嘉俊.持久博弈背景下美国对外科技打击的策略辨析——日本半导体产业与华为的案例比较[J].当代亚太,2021(3)：110-136+168.

[101] 宋耘,王婕,陈浩泽.逆全球化情境下企业的组织韧性形成机制——基于华为公司的案例研究[J].外国经济与管理,2021(5)：3-19.

[102] 杨剑.当全球数字生态遭遇霸权政治:5G市场谈判中的"华为冲突"[J].太平洋学报,2021(1)：21-34.

[103] 王帅.基于供应链管理的物流外包决策[J].物流时代周刊,2022(3)：86-88.

[104] 彭仲.供应链管理下的物流外包研究与分析[J].精品,2021(25)：72-73.

[105] 童舒倩,赵欣欣.国内A企业物流外包研究分析[J].福建质量管理,2020(12)：15,4.

图书在版编目(CIP)数据

物流与供应链前沿案例/吴群编著. —上海：复旦大学出版社, 2022.9
信毅教材大系. 管理学系列
ISBN 978-7-309-16233-2

Ⅰ.①物… Ⅱ.①吴… Ⅲ.①物流管理-高等学校-教材②供应链管理-高等学校-教材
Ⅳ.①F252.1

中国版本图书馆 CIP 数据核字(2022)第 099192 号

物流与供应链前沿案例
WULIU YU GONGYINGLIAN QIANYAN ANLI
吴 群 编著
责任编辑/方毅超

复旦大学出版社有限公司出版发行
上海市国权路 579 号　邮编：200433
网址：fupnet@fudanpress.com　http://www.fudanpress.com
门市零售：86-21-65102580　　　团体订购：86-21-65104505
出版部电话：86-21-65642845
上海华业装潢印刷厂有限公司

开本 787×1092　1/16　印张 13.25　字数 298 千
2022 年 9 月第 1 版
2022 年 9 月第 1 版第 1 次印刷

ISBN 978-7-309-16233-2/F·2887
定价：39.00 元

如有印装质量问题，请向复旦大学出版社有限公司出版部调换。
版权所有　　侵权必究